學校本位課程與教學創新

School-Based Curriculum and

Teaching Innovation

主編◎中華民國課程與教學學會

作者簡介

◆李錫津　台北市建國中學校長

◆林秀容　基隆市和平國小校長

◆周淑惠　國立新竹師範學院幼兒教育系副教授

◆郭淑芳　私立淡江大學教育科技系研究生

◆紀惠英　國立花蓮師範學院初等教育系副教授

◆計惠卿　私立淡江大學教育科技系副教授

◆高新建　台北市立師範學院初等教育系副教授

◆張嘉育　國立台灣師範大學教育研究中心助理研究員

◆張德銳　市立台北師範學院初等教育系教授

◆鄭明長　省中等學校教師研習會助理研究員

◆蔡清田　國立中正大學教育學程中心副教授

（依姓名筆劃順序排列）

序

　　課程與教學的革新一向是教育改革中的重要課題。第七次全國教育會議的討論，對課程議題著墨甚多。教育部所提出的教育報告書，其主要內容對課程與教學也提出不少改革方向。行政院教改會所提出的教育改革總諮議報告書摘要亦指出：要帶好每個學生，進行課程與教學的革新乃首要之務。

　　基於此，近年來國內所推動教育改革措施，例如：中小學課程的修訂與實施、國民小學開放教育的推動、鄉土教育的課程設計與教材編寫、綜合高中實驗課程的試辦、完全中學一貫課程的規劃等，顯示課程教學領域已成為改革的焦點。

　　而在當前教育自由化、民主化、多元化和彈性化的改革潮流底下，這些課程與教學的變革均著重於增加學校辦學與教師教學的自主空間，亦即要求課程與教學必須「鬆綁」，解除中央對於課程與教學的過度管制，賦予學校層級更大的課程發展空間與彈性，並給予教師更大的教學專業自主權。學校因而有權利亦有義務發展出最能發揮學校特色的學校本位課程；每一位教師也需要秉持專業精神，進行教學創新以因應更多元變化的學習內容與學生的生活經驗。

　　有鑑於學校本位課程發展在未來教育改革上的重要性，亦為瞭解目前各級各類學校及教師實地從事學校本位課程改革與教學創新的情形，本會遂將本年度年刊主題訂為「學校本位課程與教學創新」，廣向專家學者徵文邀稿。共輯得論文十篇，包含的層面有：學校本位課程發展與實施、各級各類學

校本位課程發展的實例、新教學理念的介紹與教師專業成長等。經過審查修訂後,彙集成本書出版,希望藉此促進學校本位課程實施與教學創新之研討和推廣,對未來台灣教育有所貢獻。

　　本書得以出版,除需感謝各篇作者惠賜鴻文及專家學者辛勞審查之外,本會諸位理監事先生對主題與內容提供許多寶貴意見,秘書長沈姍姍教授、出版組周淑卿教授及秘書處行政秘書葉興華小姐和楊洲松先生擔任本書編輯工作,備極辛勞,功不可沒。而揚智文化事業股份有限公司葉忠賢總經理與林新倫副總經理慨允本書之出版,賴筱彌小姐協助整理、校對與編輯出版事宜,在此一併致謝。

　　本書出版匆促,倘有疏漏之處,尚祈方家不吝指正。

黃政傑　謹識
中華民國課程與教學學會理事長
中華民國八十七年六月

目錄

壹 | *新世紀學校本位之課程實施*

◇前言
◇名詞釋義
◇世界教育改革的風潮
◇以學校為本位的教育改革
◇課程實施的內容
◇課程實施的層次
◇課程實施的歷程
◇課程實施的原則
◇影響課程實施成敗的因素
◇邁向成功的課程實施
◇結語
◇中文參考書目
◇英文參考書目

李錫津

前言

　　我國教育，自台灣光復後，經四十餘年的調整發展，進步神速，根據一九九七年統計，平均每4平方公里有學校203.35所，每鄉鎮市還有學校19.94所，每班平均人數38人，每位教師平均任教學生36.35人，每千人口中有學生139.64人，國小就學率99.94%（教育部，1997），單就數據顯示的意義，無寧是一種可喜的現象，惟處在二十世紀即將接近尾聲的時候，全世界的政治、經濟、文化都產生急速的變化，如何提昇國民的素質，承襲前人創造的台灣奇蹟，取得新世紀的競爭優勢，關鍵在於教育是否成功，此時，我國教育部發生了一些問題，且成為社會變遷中受人矚目的焦點（李遠哲，民85）。大致說來，許多人都同意，台灣的教育需要改革（朱敬一、戴華，民85），也是教育改革的大好時機（楊茂秀，民84）。檢討當前中小學教育，不難發現中小學教育的問題最嚴重，中小學教育的改革也最迫切，其所面臨的主要課題不外是：教育現代化、自由化、民主化、多元化、適性化、正常化、科技化、精緻化、國際化、專業化的課程（黃政傑等，民84），明確地揭示教育改革的需要性和方向性。

　　黃政傑等（民84）進一步指出：教育改革必須向全方位開放，包括教育體制、教育結構、教育目標、教育內容、以及教育參與，誠如行政院教育改革審議委員會（民85）指出，為因應二十一世紀社會的特點與變遷方向，教育現代化更應配合主體性的追求，反映出人本化、民主化、多元化、科技化、國際化的方向。首先強調的是教育鬆綁，包括：改革課程與教學，落實學校自主經營、激發學校內在自生力量……，讓學校得以專業自主，蔚為教育改革的時尚與風潮，已為台灣整體教育規劃出新的方向，也帶來了新的希望。學校本位之課程實施，即根據前述相關的宣示與理念，所提出來

的具體構想之一。

名詞釋義

為方便討論，先將幾個名詞的意義解說如下：

新世紀

新世紀，指所面臨的新的時代，尤指即將到來的二十一世紀。

學校本位

學校本位(school-based)，源自於學校本位管理(school-based management)，包括課程訂定(establishing curriculum)，以及學校層級的自治、分享決定等等，亦即將學校所有的事務中，由上級單位、人員做決定的事項、權責，下放到學校，並由行政人員、教師、學生、家長共同參與運作（張德銳，84）。因此，學校本位，就是以學校層級基準、範圍的運作，可以使因素趨於單純，使運作趨於務實，較能切合學校的實際需要。

課程實施

傅蘭與潘福瑞(Fullan & Pomfret, 1977)指出，課程實施(curriculum implementation)是指任何課程革新的實際使用狀態，是革新在實際運作中所包含的一切（黃政傑，民80），包括：教科書的編輯、選用、教材的取捨、教具的製作、教法的選擇、班級教學經營、以及評量與追蹤指導等，泛指校內或班級學習的所有活動。

世界教育改革的風潮

本世紀以來，人類社會發生很多基本變化，一方面工業化、現代化、科技化為人類創造前所未有的物質文明，另一方面，各國之間，政治意識形態對立，世界貧富差距加大，自然環境遭到難以回復的破壞……，種種問題叢生，使人類感受到身為地球公民的責任和自覺，在這樣的世界趨勢之下，各國都思考同樣的問題，即如何培育新理念、新技術、新視野的個人，以加入新世紀的競爭與合作，一方面各國都希望強調自身的文化特色和競爭優勢，以尋求在國際上的有利定位，因此，形成了舉世可見，各國都不敢稍有落後的教育改革（行政院教育改革審議委員會，民85）。

的確，迎向二十一世紀，因應科技化、資訊爆炸、民主化、多元和無國界的全球經濟競爭，所帶來的急變，世界各國都急著翻新教育（天下編輯，1997），世界各國教改趨勢都由知識導向，走向手腦並用、學以致用的能力導向；由注重課程「教什麼」，到強調學生「學到什麼」，由偏重學校的學習，擴大為打破時空限制，隨時隨地的終身學習，也使學習和生活密切結合（天下編輯，1997）。學習方向，學習的主要內容已出現鉅大的改變。

以美國為例，學校的危機是目前許多社會問題的根源，教育危機則源自於美國在工業時代掌握教育的本質與力量上徹底失敗，日新月異，無法逆轉的經濟變遷，已經完全改變傳統的教育觀念，新世紀教育觀是一段終生學習的過程，它訓練我們如何駕馭資訊、解決問題、發揮想像、致力創造。同時，也精熟特殊科技資訊，實際上，真正有效的改革，並不在修補傳統學校教育破敗不堪的結構，相反的，真正的改革，應該看清楚時代的教育觀和受教育觀的願景，並將這種

願景觀點帶入學校（天下編輯，1997），唯有如此，教育改革才有成功的勝算。

富南在《教育改革的新意義》書中，研究美國和加拿大的學校改革，調查從學生到政府官員，每個人所能扮演的角色為何？發現，教育改革的成敗，決定於老師的所做所為和思考（天下編輯，1997）。可見，以學校為本位的教育改革之思考，是極具時代感的。

以學校為本位的教育改革

因此，以學校階層為主體的運作，自然成為最直接、有效的改革方式，一般而言，學校主導、規劃的學習活動，均可統稱為教學或通稱為課程之實施，此即為本文的主張，以「學校本位之課程實施」作為新世紀教育改革的理由，茲進一步分析如下：

學校是教育革新的基本單元

美國教育學者Goodlad曾根據教育目的和功能在教育改革計畫中不同的比例，提出學校改革的範式，其中之一叫「改進我們現有的學校」。Goodlad從1966年在南加州建立合作學校聯盟，到1986年在西雅圖建立全國教育更新網，以他積極投身教育革新的實踐和研究，認為學校是教育革新的基本單元，因為學校是一個有機整體，擁有變革單元的所有因素，每所學校一方面受到社區的支持，行政單位的指導信任，加上校長教師所受到的專業訓練，自然成為教育改革或理想的課程教學的場所（沈劍平，1997）。

帶好每位學生，需要每位老師主導

行政院教改會出版《教育改革總諮詢報告書》，在綜合建議第二節主張要發展適性適才的教育，要帶好每位學生，從注重個別差異、實施有教無類、因材施教、因勢利導、發展潛能開始，使每一位學生的不同潛能與特質都受到尊重，並獲得充分的發展機會，換言之，讓每一位學生依照自己的資質、興趣，各依自己的起點行為、速度來學習，要做到樸的境界，實施學校本位、班級層次，甚至於相當個別化的課程之實施，比較容易辦到。

學校需要專業自主

學校常由於缺乏專業授權，不易有專業自主的表現，教師缺乏專業空間，學生學習往往離生活太遠，常常陷於無聊的境地，Glickman (1993)認為，學生在學校難有較好的表現，不是學生能力欠缺，也不是老師能力不足，或不關心學生學習，而是學生無法學到改變或改進社區生活相關問題的知能，以致對學習感到無趣，常常裏足不前，甚至於放棄學習，因此，如果能夠落學校專業自主，授權學校設計課程、實施課程的合理空間，就可以使許多與生活脫節的學習獲得改善。在行政院教改會的總諮議報告書中也提出制定學校教育法，授予學校專業自主的空間，教育部只要制定最低標準，而非統一標準，以尊重地方政府，並保留學校辦學空間，學校事務儘量由學校自主，尤其是課程之實施，實在有必要。

教師專業自主的需要

「有什麼樣的老師，就有什麼樣的學生」，教師功能的專業表現，的確重要，聯合國教科文組織1966年曾發表《關於教師地位之建議書》，認為「教學應被視為一種專門職業：它是

一種公眾服務的型態，它需要教師的專業知識及特殊技能，這些都要經過持續的努力與研究，才能獲得並維持」，尤其教學是人心與價值塑造的工作，需要面對面，真正深入的了解個別內、個別間的差異，選用適切的教材教法，才能克竟其功，因此，教師的專業自主應獲得保障，在實際教學或課程實施上有真正的專業自主空間。而學校本位的課程實施，才可以使此種教師專業自主的運作成為可能。

學校本位管理的潮流

美國約自70年代中葉開始行學校本位管理，至九十年代允許或強制實施學校本位管理的州數大增，學校本位管理成為現代教育改革思潮的中心（吳清山，民85；David, 1989）。課程實施是學校管理的主要項目，學校本位的課程實施，成為因應多元化社會潮流的重要思潮。

組織理論的支持

組織理論的發展，約略可分為：古典組織理論、人群關係運動、組織行為運動以及人力資源管理等。古典組織理論主張授權，人群關係運動注重人際關係，強調民主程序，組織行為運動中的Y理論也強調分權、授權與參與，到晚近的人力資源管理，認為學校是一種「鬆散結合」的組織，適合形成分權由共享的權力資源分配，因此，這種管理理論皆為學校本位管理提供理論基礎（曾燦金，民85），至於日商美籍學者大內（W. G. Ouchi）所著延伸麥氏X和Y理論的Z理論，注重整體組織文化(culture of the whole organization)標榜全面認同，極具親密度的人際關係信任與共享式的參與整體決策，就其提出品管圈(quality circles)的理念，鼓勵校內同仁進行自願性的結合，定期討論工作內容、工作方式、解決實際問題（吳清山，民85），學校本位的課程實施有助於此種理論的執行。

心理的基礎

　　心理學家馬斯洛強調生命的意義在自我實現，一般而言，沒有人不期盼擁有充分的自主和決定的空間，以學校而言，學校每一個層級的負責人，當然期望擁有決的空間，準此，也應該付予每一位教師專業決定和自主的機會，曾燦金（民85）指出，在民間企業，可以發現更多類似的型式，可以見得分享決定權，分享歸屬感是成功組織的主要原因，施振榮經營企業，大力推展授權和放權的組織管理，曾主張要使組織群龍無首，意為人人都成龍，個個皆為首，都是具有團隊合作精神的獨立戰鬥體。學校的經營基於教學與專業，在課程實施方面，應該更有理由運行學校本位的課程實施。

課程實務精義的運用

　　課程發展的原則或過程，均只是一組一組成形的概念，或一部部內容豐富的課程標準或一本本的教科書，這些課程標準或教科書，要產生課程的效用，自必須透過教學者一次次的教學、運作、引導學生在課堂之內或其他適當的學習場合，深入有意義、有效地體驗課程活動的內容，產生學習的效果。因此，課程革新、課程評鑑，只有從實際之課程運作及經驗兩個層面，才能真正窺得其貌，而這兩個層面，主要發生於學校之教學活動，因此，學校本位之課程實施，就課程實務之觀點而言，是有必要的。

參與式管理的運用

　　參與式管理(participatory management)，的倡導，提供傳統上受管理者參與組織管理，分享決定機會，分擔成敗責任，提高其成就感和滿足感，導向自我實現的可能，可以縮短傳統上管理者、受管理者之間心理上的距離，調整組織運作上操弄、控制的結構，引導員工釋放更多工作產能，是一

種轉化受管理者被動的心態成爲主動心態的方法，可以滿足工作者的心理需求，提高組織成效。因此，學校本位的課程實施，將可以透過教師實際的參與課程設計，課程實施之歷程，一方面深入了解課程，一方面，可以提昇參與感和分享決定空間，而提高教學品質。

課程實施的內容

課程實施的內容，也是課程實施的廣度。Tyler (1949)認爲發展任何課程和教學計畫，都必須考慮到四個基本問題：學校希望尋求什麼樣的教育目標？如果希望獲致前述的教育目標，學校應該提供什麼樣的教育經驗？這些教育經驗，要如何有效的加以組織、建構？如何判定這些目標，在教學後已經達成了？

任何人進學校學習的時間，絕非無限。因此，課程實施要考慮到目標。其次，有了目標之後，要考慮提供什麼樣的學習內容，才能使學習者達到預期的目標，這就涉及課程、教材的問題。再次，著重如何將學習內容有效的解構、重組、展現並傳輸給學生，這就涉及教法的領域。最後，要檢驗判定，是否達成目標，這是評量的問題，學校本位的課程實施，同樣要考慮類似的問題。本文分下列五項來說明：

目標的把握

既然是學校本位，自必須考量小學校的教學目標、年段的重點目標、班級的經營目標、學科目標等等。此外，老師、家長、學生的期望、看法，也都不可忽略，須在課程實施前妥爲思考。

教材領域的形成

　　學生學習什麼樣的教材、內容，學生就會形成那種教材、內容所賦予的知能氣質，課程精神的建構、教科書的選擇、教材的分析、解構、取捨、重組，活動歷程的設計、執行，都包括在內。

教學方法的開發

　　教學方法最能影響學習的成效，教學方法的選用，意在了解學生，解構教材，重組成適合學生起點行為、學習經驗的組型，以利學生學習。同時，以學生感到熟悉有趣的方式來進行。

評量的運用

　　教師教法是否得當，學習是否完成，要透過適當評量方式來決定，是學校本位課程實施的重要內容。

回饋機制的形成

　　回饋、省思與改進是維持組織進步、活化組織生機、改善活動品質的重要途徑。在學校推動課程實施、目標確立、完成教材選擇、運用方法、進行實際教學、透過評量制定成效的歷程中，還應該形成回饋的檢討機制，以求進步。

課程實施的層次

　　課程實施的層次，也是課程實施的深度。根據Hall & Loucks (1977)的理論，課程實施層次並非全有全無，而是在有無之間，存有許多層次，分別是未使用、定向、準備、機械地使用、例行化、精緻化、統整、更新等八個層次（黃政傑，民80），指出的課程更新後實施之層次，本文以學校本位

的一般課程平日之實施層次或深度，分別就例行運作、初淺運作、中度運作、深度運作以及精緻運作等來說明：

例行運作

第一層次例行運作，教師只是把學校本位的課程實施，當成例行教學公事，學校和教師放棄主動參與、專業決定和自主空間，仍以昔日的依賴心、被動心來實施教學。

初淺運作

第二層次是初淺運作，教師已初步意識到學校本位課程的意義，課程實施的原則、要領和策略，願意嘗試，也進行嘗試，只是不夠積極主動，也不夠熟練。

中度運作

第三層次中度運作，教師已相當了解學校本位的課程實施，也用了相當心思，投入課程的運作，但尚有不明顯的教材解構重組的過程、教法的運用，熟練度仍然不足，但比初步運作，已有明顯的進展。

深度運作

第四層次是深度運作，教師已精熟學校本位的課程運作，用更多的心思來實施，尤其能充分運用各種資訊、掌握教學要領、解構並重組教材、選用適當教法，產生具體的教學效果。

精熟運作

第五層次是精熟運作，教師精熟學校本位的課程實施，對課程實施的廣度充分的了解，並能充分把握，增加許多趣味

性、精緻化的內容和方法，可以產生引人入勝，願意主動學習的效果。

課程實施的歷程

美國學者古德拉曾將課程分為五種：由課程設計者提出的理想課程(ideal curriculum)，由權責單位公布的正式課程(tormal cuurriculum)，相關人員了解到的知覺課程(perceived curriculum)，教師教學時操作的運作課程(operative curriculum)，以及學生學習時經驗到建構成的經驗課程(experimental curriculum)（黃政傑，民74）。以學校本位的課程之實施，對應當前課程之實施現況而言，自然以「運作的課程」、「經驗的課程」之實施最具關鍵性，同時，以直接觀察課程持用者教師的所做所為才最有效（黃政傑，民80）。

此外，Taba (1962)提出診斷需要(Diagonosing of needs)、決定科目(Formulation of objectives)、選擇教學內容(Selection of content)、組織教學內容(Organization of content)、選擇經驗(Selection of learning experiences)、組織學習經驗(Organization of learning experiences)和決定評量什麼、如何評量(Determination of what and how to evaluate)。Oliver (1977)則將課程實施分成七個階段：無知、探索、預想、管理、適應、合作、延伸都值得參考（黃政傑，民80）。本文試以當前學習生態，提出學校本位課程實施的十個歷程加以說明。

覺知

學校教師、相關人員覺知學校本位課程實施之內涵、意義、可行性、必要性、具有堅定的信念、願意投入委員規

劃、實施。

探索

探索課程實施的相關問題，包括：學生的背景、學習需要、學習的範圍、重點等。

決定

綜合知覺、探索所得，分析、討論、診斷、決定出本校的整體目標、年級目標，以及期望的教材內容或教學領域。

選擇

選擇合適教學目標或期望教學領域的教科書或教材，以及合適的教學方法，這當中要包括Tabe所述的教材內容、經驗內容之選擇、考量。

解讀

解讀是充分了解教科書或教材的內容，配合對學生的了解，做好教材重組的準備，俾能使學生獲得最佳的學習。

運作

運作是教學或活動之進行，包括：解構教材，根據學生的經驗，再組合教材，運用各種方法，讓學生學會。

引導經驗課程

引導學生在學習活動中去經驗體悟學習內容，這是真正學習的階段。

評量

評量是要檢驗運作課程、經驗課程和正式課程、理想課程之間有無落差，或經驗課程與教學目標是否吻合。

回饋

評量時，如果發現某一歷程出現問題，則形成性評量或總結性評量的不同需求，作適當回饋檢討。

再教學

再教學也就是重複教學，發生在評量之後，希望引導學生再經驗課程，能真正學會。

課程實施的原則

根據對課程實施內容、層次與歷程的了解，本文提出課程實施的原則。

專業

教師是課程運作實施的主導人，自非全憑個人意志，為所欲為，必須本乎教育理念，以專業為準。

尊重參與

參與是學校本位課程實施的重要指標，為免陷入個人或少數人獨斷決定，尊重參與是相當重要的。

生活務實

課程實施既以學校為本位，宜考慮生活務實的需要，從生活中，從近處往外擴張學習，最能誘發興趣，維持永續的學

習熱度。

趣味

無聊無趣的學習，常造成放棄學習、中輟學習，而趣味常能引人入勝，是促成繼續學習的要素。

優勢

強化優點，容易帶來快樂學習，一昧補救缺點，令學生常挫折，因此，協助學生找到自己學習的優勢能力或領域，先建立學習的信心，再以此來引導弱項的學習，會有不同的效果。

個別差異

人類的多元智慧，多無疑義，在學校本位理念下，更容易再落實到班級層次，甚至於個別化或個別差異的層次，使每一個學生都得到自己有效學習的空間。

教會學會

教會學會，其實是所有教學方式所有學習階段的基本原則，可惜，幾乎只出現在學前的學習階段，學校本位加上個別化的運作，可以讓學生學會、導致快樂學習、成就學習、塑造沒有失敗的班級或學校。

分段教學、重複教學

基於教會學會的快樂學習原則，可以容許學生依自己的學習風格、習慣、速度，同時分清自己的優勢、弱勢，進行編式的分段學習和重複學習，這種點滴式的學習，可以減少挫折，增加學習樂趣。

分段測驗、重複測驗

教學和評量皆屬同一歷程，因此，如實施分段教學、重複教學，則也要配合實施分段測驗和重複測驗。

漸進

學習速度、學習能量，人各不同，學習的精義，不在多少，是在品質的好壞和是否永續進行。因此，採漸進方式，才能有效學習。

影響課程實施成敗的因素

黃政傑（民80）曾歸納課程學者的研究，將課程實施的障礙因素歸納為：使用者本身、課程因素、實施策略、機構情境，以及大社會政治單位的支持等五項。此外，上一級學校的入學方式，家長的支持參與情形，整個社會對課程實施的意識形態，政府或企業界用人選才的方式、標準等，也都會有影響。本文基於學校、本位的觀點，就其中最直接相關的兩項，提出說明。

課程使用者

老師和學生是課程的使用者，處在課程設計、實施的最下游，基於課程運作、經驗的實況，課程的優劣，自然可以從使用者的使用狀況、使用感覺，以及使用後的學習成效來作評斷，因此，課程使用者的了解、認同、支持、投入與否，以及其課程理念是否正確，對課程實施的成敗，就具有關鍵性的作用。黃政傑（民80）就認為：任何課程一定要交到教的前線－教室，一定要獲得教師的支持合作，否則前功盡棄。的確是有其道理的。

倘若課程設計不好，教科書編輯也欠佳，只要使用者老師能將課程運作得好，亦即將課程或教科書解讀、解構後，再作適合學習者學習的組合，用適切的方法引導學生有趣、有效地經驗課程，就可以把前階段的所謂不好彌補扭轉過來，反之，課程訂得好，教科書編得好，教師的運作不好，學生的經驗模糊，無法形成有趣有效的學習，則前階段的好，也就彰顯不出來了。

　　因此，課程使用者在課程上、教學上，如理念正確，用心強烈，能開發有效的教學策略，同時不斷地省思改進，就可以使課程實施的成效獲得保障。

機構的情境

　　機構的情境，也就是學校的情境，包括：校長的領導作風，領導班底的行事風格，學校同仁互動情形、學校氣氛、學校同仁接受新觀念或面對挑戰的態度……都會造成影響。

　　所謂「有什麼樣的校長，就有什麼樣的學校」，「有什麼樣的老師，就有什麼樣的學校」，校長領導教師，教師實際在課堂上運作課程，主導活動進行。如屬放任型的領導，同仁間可能各自為政，缺乏整合和相互間的支援，將使學校本位的課程實施，陷入單兵作業，扭曲了整體的效果；如屬獨裁型的領導，可能導致僵化、獨斷，人員士氣低落，一切聽命行事，缺乏責任意識，不利課程之實施；如為民主型或人性化權變型的領導，將使學校充滿活力，氣氛和諧，溝通討論無礙，將有助於學校本位的課程實施。

　　因此，領導者和行政部門的主政階段，它在此一向度上用心和努力，營造一個民主和的學校氣氛，始有利於課程的實施運作。

邁向成功的課程實施

　　黃政傑（民80）認為成功的課程實施，要考慮到周詳的計畫，足夠的時間，同時要充分掌握各項相關的因素，不宜依賴行政命令或權威結構的運作，要保留必要的彈性與調適空間，更重視教師決定的角色功能，對學校本位課程懷抱積極、理解的態度，同時，要不斷地研究發展。李錫津（民86a）在談及學校本位課程經營時，指出避免課程觀念的窄化，隨時留意課程實施上各層次間的差距，隨時留意時代變遷和社會脈動，注意潛在課程的處理，肯定教師對課程運作是課程成敗的關鍵，均將有助於成功的的實施課程，本文再提出幾點看法供參考。

重新體會、承擔教師的責任

　　學校本位課程之實施，可以視為教育鬆綁、課程鬆綁的具體措施，就操作性意義而言，教師責任加重，處理課程的份量加多，教師要揚棄對行政單位、對教科書依賴，要付出更多的心力來思考、處理課程的問題，這也是展現教師專業自主的機會。

注意課程內容或科目間的聯結與統整

　　支離破碎、各自為政、學習懸殊，有必要加強教師間或相關教材間、單元間的聯結與整理。這種期盼可透過教學研究會或平時教師間的專業對話來完成。

學校本位不是「只要我喜歡，有什麼不可以」

　　學校本位之課程實施，將更重視教師專業與專業行為的表現，以及社會公平正義，乃至人本的考量。因此，是自主而有專業的引導，專業的規範而有彈性的空間。

團隊合作與國際觀更不可忽視

倡導學校本位，自係基於教學上，參與開放與效能效率的考量，但係非「個人本位化」「學校個殊化」，尤其，自1989年，象徵世界民主集權兩大強權對壘的柏林圍牆倒了，代之而起是區域性跨國組織的崛起（李錫津，民86b），所謂「壯大自己，立足台灣，胸懷大陸，走入世界，參與世務」，是一股銳不可擋的趨勢，因此，學校本位的課程實施，必須注意到這種需要。

學生角色的重視

在課程實施歷程中，有涉及相當專業的區分，未必適合學生的參與，不過，學生畢竟是教學情境中的「顧客」(clients)，他們的確有權表示意見，提供看法，好讓老師教在學上作重要的參考，即使是相當專門的課程決定(curriculum decision-making)，也可以讓學生適當的參與(Marsh, 1992)，在個別教室(individual classroom)和學校整體階層(total school level)上提供參考意見或情境的回應，作為教師運作課程的參考。

結語

只有學習者願意學習，才產生學習的真正效果。因此，不管學習者的起點行為是多麼低下、偏頗、不足，如果教學者不能調整自己的教學價值，放低自己教學的起點，就無法觸及學生的學習心靈，啟動學生的學習機制，牽引學生邁向學習目標。學校本位的課程實施，就是希望找到每一個學生的有效起動點，因此，先探討學校本位教育改革和課程實施的理由，再探討課程實施的內容、課程實施的層次，接著提出

知、探索、決定、選擇、解讀、運作、引導經驗、評量、
饋和再學的實施歷程，以及專業、尊重參與、生活務實、
味、優勢、個別差異、教會學會、分段教學重複教學、分
測驗重複測驗，以及進等課程原則，供作實施的參考，最
，並就影響課程實施的成敗因素和邁向成功的課程實施，
出若干建議，期盼對推廣學校本位的課程實施，能產生助
。

中文參考書目

黃政傑。《課程改革》。台北：漢文書店，民國七十四年。
黃政傑。《課程設計》。台北：東華書店，民國八十年。
楊茂秀。《教育雜木林：走向狂喜之路，超越教化的心靈
之專文推薦》。台北：遠流出版公司，民國八十四年。
黃政傑等。《開放與前瞻－－新世紀中小學教育改革建議
書》。台北：國立台灣師大教育研究中心主編，漢文書店，
民國八十四年。
張德銳。以〈「學校中心的管理」推行開放教育〉收於尤清
主編，《台北縣教育改革經驗》。高雄市：復文書局，民國
八十四年。
朱敬一、戴華。《教育鬆綁》。台北：遠流出版公司，民國
八十五年。
吳清山。《教育發展與教育改革》。台北：心理出版社，民
國八十五年。
行政院教育改革審議委員會。《教育改革諮議報告書》。台
北：行政院教改會，民國八十五年。
李遠哲。序文，《教育改革總諮議報告書》。台北：行政院
教改會，民國八十五年。

◎教育部。《中華民國教育統計》。台北：教育部，民國八十六年。

◎天下編輯。《海闊天空－教育的美麗新世界》。台北：天下雜誌，一九九七年。

◎沈劍平。〈實育研究者－谷德萊德〉，文載《教育研究資訊》，國立台灣師大教研中心主編，一九九七年十一月。

◎李錫津。〈學校本位之課程經營與實施〉，收於《課程與教學改革實務》。台北：師大書苑，民國八十六年。

◎李錫津。〈找到路就不怕路遠－代序〉載於《建中學報》，第三期，台北市建國高級中學，民國八十六年。

◎曾燦金。《美國學校本位管理及其在我國國民小學實施可行性之研究》。台北市立師院初等教育研究所碩士論文，民國八十五年。

英文參考書目

◎David, J. L. (1989). Synthesis of Research on school-based Management. *Educational Leadership*, 46(8).

◎Glickman, C.D.(1993). *Renewing America's Schools- A Guide for School-Based Action*, San Francisco; Jossey-Bass Pubishers.

◎Marsh, C.J. (1992). *Key Concepts for Understanding curriculum*. New York. The Falmer Press.

◎Taba, H. (1962). *Curriculum Development, theory and Practice*. New York : Harcourt, Brace, and World, Inc.

◎Tyler, R.W. (1949). *Basic Principles of curriculum and I nstruction*, Chicago and London: The University of Chicago Press.

貳 | *認識學校本位課程發展*

張嘉育

近年來，隨著社會的急遽變遷，我國課程有多元化、自由化與民主化的趨向。這反映在當前的課程實況上，有所謂教科書的開放與選用、各種學校課程實驗方案的推動（註1）、強調「賦予學校課程彈性」的各級新課程標準的訂頒（註2），以及預定九十年學年度提供給國民中小學達30%的彈性授課時數（註3）等。

這一波波接續而來的課程權力下放行動，一方面改寫著中央與學校間的課程權力結構關係；再方面卻也凸顯出落實學校本位課程發展的迫切性。換言之，何謂學校本位課程發展？爲何需要學校本位課程發展？如何進行學校本位課程發展？學校本位課程發展有無限制？如何做好相關配合措施，以落實規劃學校本位課程發展等問題，便成爲不斷賦予學校辦學彈性，擴大學校課程自主的同時，應一併探察的課題。

本文首先探討需要學校本位課程發展的理由；其次，分析學校本位課程發展的意涵；繼而透過國外經驗，歸納出學校本位課程發展可能遭遇的問題。最後，提出推展學校本位課程發展時，在概念與行動兩方面應有的認識。這些討論希望能有助於學校本位課程發展的澄清，並對實際行動有所啓示。

爲何需要學校本位課程發展

課程發展的模式很多，其中從課程控制的角度切入，有所謂「中央－邊陲課程發展」（center-periphery curriculum development）與「學校本位課程發展」（school-based curriculum development）之別。

所謂「中央－邊陲課程發展」，主要是以中央為課程發展主體，著眼於全國性課程方案的建構，對於政策指示、課程標準、學習資源、教材編撰、教學時數、評鑑方式等規定鉅細靡遺，學校或教師的唯一任務，便是奉命行事，扮演好課程實施者的角色。由於此一模式是以國家的力量進行課程發展，在標準化的課程方案之下，一方面提供了每一名學生相同的學習內容，在形式上保障了全體國民的教育機會的均等；再則有助於國家信念與價值的傳遞，達成國家的教育目標；三則在龐大人力、物力與經費的挹注之下，使課程方案的品質較易掌握。

　　但這些優點也為學校課程帶來了若干的困境，促成學校本位課程發展的必要。首先，全國課程方案因著眼於全體學生的需要，對地方特性與學校、學生的差異較無法顧及，容易導致教育的僵化。而學校本位課程因以學校為主體，由學校視地方、學校與學生的需求特色進行課程發展，較能夠反應地方以及學校與學生的差異，以提供更適切的課程(Skilbeck, 1984, 151)。

　　第二，「中央—邊陲課程發展模式」將事權集中於中央，視教師為課程的傳遞者與執行者，這種課程發展與課程實施的分離，往往造成教師對課程抗拒或誤解，使得全國課程方案的實施成效大打折扣，造成改革的失敗（Marsh et al., 1990, 42-3）。學校本位課程發展因結合課程研究、課程發展與課程實施的過程，不但可持續反覆規劃、評鑑、調整課程方案，亦可使學校成為課程改革的機制，有助於課程改革的成功。

　　第三，面對社會的急遽變遷與知識科技的快速進展，許多新興課程不斷浮現。由於國家課程與教科書修訂所需要的時間較長，這使得課程更新的腳步往往趕不上社會變遷的速

度，造成懸缺課程。是以，如要能立即回應社會脈動，使學
校與社會變遷同步，唯有賴學校本位課程發展（黃政傑，民
86, 148）。

第四、任何國家與地方層級所發展出的課程成品，皆需要
交付學校教師檢驗，配合學生潛能與特有經驗，建構出最適
切的課程與教學。因此，學校教師應是課程理論的檢證者，
也是課程理論的建構者；是課程的研究者，也是課程的發展
者。如果拒絕教師從事課程探究的機會，無異剝奪了教師提
昇專業知能的途徑(Marsh et al., 1990；Blenkin et al., 1992,
110)。學校本位課程發展因強調教師的參與、實踐與反省，將
學校視為課程研究的機制，提供教師研究、發展與實踐的機
會，能有效提昇教師的專業知能。

何謂學校本位課程發展

學校本位課程發展的意涵

「學校本位課程發展」不僅有不同的用語（註4），就連對
「學校本位課程發展」該詞的定義與實際的作法也相當分歧（註
5）。有的強調課程發展的過程，有的則重視課程發展的結果；
有的認為學校本位課程發展應以學校教育人員為對象，有的
卻主張學校內外部人士，包括：教職員、學生、家長與外部
人員的參與；有的認為學校本位課程發展的關鍵乃在權力結
構的重組，有的則重視整體學校情境的變革。例如：

> 課程發展是一種過程。在此一過程中，學校運用有關的資源，
> 透過合作、討論、計畫、實驗、評鑑來發展適合學生的課程。
> （Eggleston, 1980）

學校本位課程發展的結果，可以是有教材的選擇、修正，也可是新教材的創造。（Walton, 1978 轉引自 Marsh et al., 1990）

> 學校本位課程發展，是由學校教育人員負責學生學習方案的規劃、設計、實施和評價。（Skilbeck, 1976）

> 學校本位課程發展，是以學校為中心，以社會為背景，透過中央、地方與學校三者權力責任的再分配，賦予學校教育人員權力與責任，由他們結合校內外資源與人力，主動進行學校課程的計畫、實施與評鑑。（黃政傑，民74）

> 學校本位課程發展是學校自發的過程，在此過程中所需要中央、地方教育當局間的權力、責任重分配。（OECD, 1979）

> 學校本位課程發展，是一種強調「參與」、「草根式」的課程發展口號；是一種重視師生共享決定，創造學習經驗的教育哲學；也是一項課程領導、組織變革的技巧（Marsh et al., 1990）。

看來，如要對學校本位課程發展下一個周延普遍的定義，可能有其困難。唯歸納前述定義，我們應可指出學校本位課程發展的幾項重要意涵。

1. 學校本位課程發展雖以學校為主體，但也重視校內外各種人力、資源的運用與整合。
2. 學校本位課程發展採取採用廣義的課程定義，所謂課程，是指在學校指導下的一切學生經驗。
3. 學校本位課程發展既重視課程發展的成果，也強調過程中學校社群成員的參與和學習。
4. 學校本位課程發展重新定位學校於課程發展中的角色，除了可與國家、地方、教室層級的課程發展模式與課程

發展結果相配合之外也使「社會－社區－學校－教師」發展成為一種伙伴的關係。

5. 學校本位課程發展重新定義了教師與課程的關係，重視學校教育人員的自主與專業，將課程研究、課程發展與課程實施結合為一體。

6. 學校本位課程發展強調課程的多樣化、地方化以及適切性，同時可立即回應社會、社區、學校與學生的需要。

7. 學校本位課程發展使課程潛能（curriculum potential）獲得了重視與理解，而有助於課程改革的達成。

8. 學校本位課程發展是一種口號、一項哲學觀點，同時也是一套學校經營技術的改變。所謂學校本位課程發展是一種口號，乃指學校本位課程發展倡議「參與」、「由下而上改革」、「草根式課程發展」的理念；所謂學校本位課程發展是一項教育哲學，是因為它強調一種師生共同創造學習經驗，建構課程的教育觀點；所謂學校本位課程發展是一套學校經營技術，是因為它需要組織的變革與學校經營等技術的轉變。

學校本位課程發展的類型

依照不同的課程領導、權力分配、人員組成、...等方式，可以將學校本位課程發展區分出各種不同的類型。其中布蘭迪(Brady,1987)以「活動類型」(type of activity)與「參與人員」(persons involved)兩個向度分析學校本位課程發展的可能類型，這兩個向度的交叉組合，為學校本位課程發展建構出至少12種的可能型態（圖2-1）。

在「活動類型」方面，學校本位課程發展的活動可以是課程的創造(creation)、課程的改編(adaptation)，也可以是現有教材的選擇(selection)；在「人員參與」方面，可以是「個別教師」(individual teachers)、「一組教師」(pairs of teachers)、

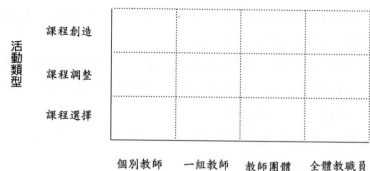

図2-1 布蘭迪的學校本位課程發展類型（Brady, 1987）

「教師團體」(teacher groups)，也可以是「全體教職員」(whole staff)的共同參與。

馬旭等人（Marsh et al., 1990)針對布蘭迪的架構做了一些補充修正。他們除了在原有的「活動型態」及「參與人員」兩個向度上各增加一種可能之外，還提出了「投注時間」向度，為學校本位課程發展指出至少64種的可能型態（圖2-2）。

以上兩位學者的分析，可作為我們進行學校本位課程發展時的參考。但在參酌這些架構時，不應自限於這些分類，而應依據學校需要加以修正。例如，在參與人員方面，可以在學校教職員、學生與家長之外，根據學校本位課程發展的活動類型以及發展階段，酌量納入社區人士、外部學者專家與教育行政人員的參與。

此外，從這些類型中可知，學校本位課程發展可以發生在不同的時間，由不同人員所進行不同的活動。因此，學校本位課程發展可以是個別教師一次性的教科書選用或教材單元

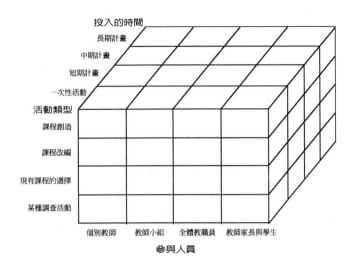

圖2-2 馬旭等人的學校本位課程發展 （Marsh et al., 1990）

的選擇；也可以是某一學科教師透過數周或一學期的時間，對教材的改編；也可能是教師、家長、學生與外部人士進行為期一年或數年的課程研發。當然，更可以是上述種種活動類型的同時出現，而不必然是某單一型態的存在而已。

如何進行學校本位課程發展

史基爾北克（Skilbeck, 1976）曾爲學校本位課程發展，指出五大步驟（圖2-3）。

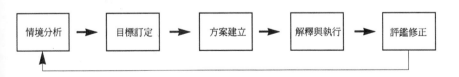

圖2-3 史基爾北克的學校本位課程發展模式 （Skilbeck, 1976）

首先是情境的分析。分析的範圍包含校內外兩部份因素。在學校外部因素方面，應考量：社會的社會變遷、家長期待、雇主要求與社區價值觀；教育系統的要求，例如：新政策、考試制度的改變、教育研究的發現等；學科知識內涵的改變與學科教材教法的革新；教師支持系統，例如：師資培育機構或研究機構的支持與可能貢獻；學校及社會資源的配合情形。至於學校內部因素方面，則應分析：學生的身心發展、興趣、能力與需求；教師知識、能力、態度、價值觀與經驗；現有課程的優缺點；學校風氣與權力結構關係；相關資源的配合。

　　根據情境分析的結果，學校可擬訂適切的目標，建構有關方案，進行課程方案的實施與解釋，最後加以評鑑與修正。其中，目標的陳述應包含師生的行為結果；所建構的方案應載明教學活動的設計、達成目標所需的教材、情境設計、人事配置與角色的定義；評鑑時，應建立評鑑工具與評鑑模式，透過追蹤、溝通機制，蒐集資料以瞭解目標與執行的差距，判斷是否需重新設計方案。

　　「歐洲經濟合作發展組織」則認為，學校本位課程發展旨在建構符合學生需要的課程，因此課程發展應從學生分析入手。據此，所提出程序如下：分析學生，瞭解學生的年齡、社經背景、先備知識能力等。分析資源限制，例如：教師人數、教師經驗知能、經費、外部的支援與控制、課表的彈性、家長學生與行政當局的反應等。建立一般目標。建立特殊目標。一般目標是指全體教育體系的價值或哲學；特殊目標則是指學生歷經學習歷程後，應具備的能力。確定方法與工具，尋找方法與工作以達成目標。評鑑學生的學習，考慮是否採取比較評鑑方式，對學生的學習結果評鑑，以判斷課程方案的成效。評鑑時須兼顧認知與認知以外的目標。分配

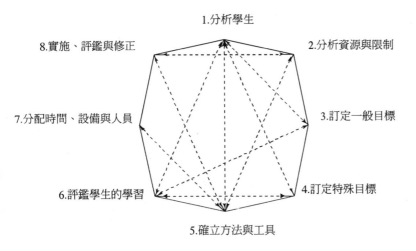

1.分析學生
8.實施、評鑑與修正
2.分析資源與限制
7.分配時間、設備與人員
3.訂定一般目標
6.評鑑學生的學習
4.訂定特殊目標
5.確立方法與工具

圖2-4 歐洲經濟合作發展組織的學校本位課程發展程序
(OECD, 1979, 36)

資源，安排課表、空間、人員、設備等。進行實施、評鑑與修正，將評鑑結果用來檢討整個課程發展工作（OECD, 1979, 35）（圖2-4）。

前述兩大程序雖完整而有系統，但仍有部份的不足。首先，學校本位課程發展應在協助學校解決有關課程教學的問題，而不在追求教育時尚，更非為改變而追求改變。因此，學校本位的課程發展的最先，應在界定課程與教學的問題，釐清學校本位課程發展的必要性。至於這些學校問題的發現者可能是校長、教師、家長或學生，也可能是學校外部的人士。

其次，目標的陳述除了應包含學生、教師的行為結果，也可以考慮學校的預期結果。方案的建構，除了前述史基爾北克所提出的具體項目之外，也應該將評鑑列為重點。由於目標與方案的建構過程中，可能會有不同意見的出現，因此，

意見的開放討論、有關的諮詢、彼此的協商便成為本階段須採取的行動。

　　評鑑的結果除了可使參與成員了解努力的成果，為下一步決策提供依據之外，也能讓學校內外部人員了解學校本位課程發展的全貌，為成功的方案贏得支持與推廣。可是，根據許多研究結果顯示，學校本位課程發展若非缺乏評鑑步驟，便是評鑑流於零星片面（Marsh et al., 1990, 68-70）。因此，全面有系統的學校本位課程發展的評鑑不僅必要，而且還應重視幾項基本原則。

1. 評鑑工作應貫穿整個學校本位課程發展的過程，而非僅在實施時才加以評鑑。換句話說，學校本位課程發展除了是對課程方案結果的總評鑑，也是對課程發展過程的評鑑。
2. 評鑑需有計畫。在確立方案的同時，應一併考量各種有關評鑑的問題，例如：哪些人應被評鑑？誰來評鑑？評鑑的範圍與項目為何？評鑑的方法是比較或非比較的、是目標或無目標導向等。
3. 應建立質量兼重的評鑑項目。為避免評鑑時過於主觀，應設法建立評鑑指標，評鑑項目可視學校與社區情形作增補。例如：在學生方面，考量學生出缺席情形、與某項方案有關的資源設備的使用情形、態度表與學習結果的變化。在教師方面，可藉由教師日誌、自評報告、觀察結果以及訪談方式，瞭解成員的士氣、工作壓力與工作負擔的情形。在家長方面，可調查家長對課程方案的態度、對子女學習態度的滿意程度。在課程方面，分析課程的目標、內容與教學方法設計的適切程度、與其他課程的統整與銜接等。

4. 結合外部學者專家的支援進行。正如學校本位課程發展是由學校成員進行有關課程的決定，因此，所謂的評鑑也應是由學校規劃主導，視評鑑的時機與範圍，結合具業知能的外部評鑑專家一起進行。

學校本位課程發展的問題

許多文章一再指出，學校本位課程發展具有幾方面的效益。提供更切合社區、學校與學生需要的課程；提昇教師的課程參與與滿足感，提高教師課程改革的動力；降低課程發展與課程實施的差距，促進課程的實施；增進學校課程自主的權力，提昇教師的專業知能（黃政傑，民74, 158-9；王文科，民86, 81）。但這並不代表學校本位課程發展毫無任何限制。有學者就對學校本位課程發展抱持憂心的態度。他們擔心教師負擔過重、時間有效、欠缺專業知能，發展出課程品質堪慮；認為學校本位課程發展強調殊異性與因應，可能影響共同核心課程，造成教育機會的問題；也質疑學校本位課程發展會帶來學校內部權力結構的改變，而引發抗拒（王文科，民86, 81）。

事實上，正如其他課程發展模式一般，學校本位的課程發展的確不是教育改革的萬靈丹，而在實行上仍面臨若干的問題。

時間不足

對多數教師而言，佔據大部份時間的教學活動與行政工作，幾乎使他們沒有額外的時間從事課程發展工作，因此他們常將學校本位課程發展視為一種額外負擔。即使有研究指出，學校本位課程發展提高了教師的工作滿意度，帶來參與的成就感，但還是有教師認為學校本位課程的最大受益者，

還是學生；甚至表示，為求取教學、行政與個人生活間平衡，常造成他們的過度疲倦與壓力，這些壓力與疲倦有時回頭影響他們的教學品質，從而認為學校本位課程發展的成本太高（Chapman, 1990, 329-331；Marsh et al., 1990, 188）。

資源匱乏

　　學校本位課程發展所遭遇的另一個問題是經費、人力與物力的匱乏。學校本位課程發展的經費，雖視課程發展的類型而定，但低成本的方案可能無法產生預期的變革，而開創性的學校本位課程發展卻往往需要龐大的資金，這使得學校在進行學校本位課程發展時，遭遇極大的財政壓力。

　　此外，學校本位課程發展也需要各種圖書資料、設備、輔助材料與人力的支援。然而，在學校設備、經費不足，學校教師工作負擔極重，人數又有限的情況下，學校本位的課程發展如果不是形成資源的爭奪，便是面臨巧婦難為無米之炊的窘境。

教師的認同與知能

　　學校本位課程發展成功與否，受教師認同與知能所影響。有學者認為，學校本位課程發展的論述中對教師持太多的假定。例如：教師是改革的推動者，了解課程發展過程並願意努力加以實施。事實上，這些假定與實際現象有很大的差距。有的教師對於學校本位課程發展根本並不感興趣；有的則基於各種理由，抗拒學校本位課程發展的作法。就算教師願意承擔此一課程自主權，其是否具備相應的能力也是一大關鍵（Skilbeck, 1976, 83；OECD, 1979, 26）。

學校領導與組織氣氛

　　除學校教師之外，學校的關鍵人物，例如：校長、教務主任、學科召集人等是否具備相關的能力，是否願意尋求、提供相關的支持，亦將影響著學校本位課程發展的運作與結果（黃政傑，民74, 161）。

　　另外，學校本位課程發展原在打破教師個人孤軍奮戰的局面，但由於學校本位課程發展需要更多的人際互動與合作協調，學校是否具有此一合作的文化，在課程決定的組織上是否能打破舊有的層級節制，都會使學校本位課程發展面臨考驗。

社會整體環境的配合

　　學校本位的課程發展常假定家長、學生會對其發展出的結果會有興趣。事實上他們大都接受既有的制度，對學校中迥異於他們過去教育經驗的事物產生懷疑，對學校發展出的課程或科目沒有興趣，認為這些課程會影響他們的教育機會或教育成就（OECD, 1979, 29）。

　　此外，國家相關政策例如：對國家課程的全國評量方案、教育行政結構與權力的規定等，亦都可能限制學校本位課程發展的可能，影響了學校本位課程發展的結果。因此，學校本位課程發展的最後關鍵，恐怕仍在於社會、政治、態度與行政組織的層面。

負面效應

　　除了以上幾項因素，亦有部份研究指出學校本位課程發展實施的負面效應。例如：「學校本位課程發展主要著眼於學生、學校與社區的需求，以致忽略了學科專家所重視的學習主題或學科領域」（Marsh et al., 1990）。「教師的參與程度雖

然很高，學校也提供了各種支持，但這些課程方案於教室中的落實並不明顯」(Bezzina, 1989)。「學校僅重視傳統學科的課程發展，而缺乏實質的整體變革，使得學校本位課程發展出現一種『有革新的景象，卻無實質改變的狀況』(innovation without change)」(Blenkin, 1992, 115)。

這些負面訊息的揭露，使得學校本位課程發展遭受嚴厲的批判。有學者指責有關學校本位課程的討論，太強調課程成品的成功或過程的美好，對全面學校課程結構調整的失敗或衍生而來的教育回退現象卻避而不談；認為學校本位課程發展，在學校有意或無能力的操弄下，將淪為一種「關起門來的集權主義」(back-door centralism)(Blenkin et al., 1992)，終而使得所謂「參與」、「自主」都成為了一種「口實」(Sparkes, 1987)。

學校本位課程發展的展望

前文的分析，固然暴露了許多學校本位課程存在的問題與現象，但同時間卻指向了澄清學校本位課程發展概念，做好相關配合措施的重要。

觀念的釐清

學校本位課程發展，改變了學校教育人員的角色，使得學校成員有探討教育問題，歷練有效領導的需要，與時代的變遷同步，所謂學校本位課程發展的最大受益者是學生的說法，並不正確。

另外，有人質疑學校本位課程發展將影響國家核心課程的運作，帶來均等的問題。事實是，任何國家課程方案，皆不

可能完全的中央集權，以至於忽略學校需要；同樣地，任何學校本位的課程發展也不可能忽略其他層級的課程發展成品，而必須和國家、地方層級的課程發展進行互動協調（Simpson, 1989, 640），在此關係之下，學校本位課程發展不必然會妨礙國家課程的發展，也不必然會影響「教育機會均等」的理想。

還有，課程發展本身除了是權力、知識重分配的過程，也必然牽涉各種的衝突、抗拒與協商。學校本位的課程發展，正在提供了學校成員進行不同觀點、不同意識型態相互抗衡與對話的過程，同時讓學校成員彼此有探索教育觀點的機會。

做好相關配合措施

除了觀念的釐析，學校本位課程發展也需要有社會整體的配合。這除了國家相關政策、國家權力結構的調整、以及家長學生觀念的更新之外，還應做好學校的相關措施。

◎提供相關資源

學校本位課程發展所需的資源包括：時間資源、人力資源、物質資源以及組織資源等。對於時間的問題，首先應瞭解學校本位課程發展並非個人單槍匹馬的工作，而是學校成員合力有效解決所面臨的課程教學問題。或許在初期，所投注的時間的確不符成本效益，但一段時間，卻可能會是時間的節省與對工作的更大滿意。其次，學校在規劃學校本位課程發展時，也應避免以另外增加負擔的方式進行，而應透過學校行政部門的整體安排，或延長午休時間、提早放學、或利用假期前後的時間進行。

人力資源的充分開發與利用，是解決人力不足的可行方

式。社會的各種人力資源，例如：教育與各部門的行政人員、服務機構、大專校院、專業學會、考試機構、出版部門等各方面的專家，甚至大眾傳播媒介、宗教團體、工商企業等都是可以結合的人力。

在經費的來源部份，除政府部門的經費之外，各種社會專業組織、資助團體都可以是學校本位課程發展資金籌措的重要來源。此外，對於經費的支出，則應盡量在事前先將所需要的成本，例如：支付代課教師的薪資、對參與者的獎勵、購買圖書資料的費用、辦理研討活動的支出等等估算出來，並編列在學校預算之內，作為專門的支出用項。

◎做好參與者的準備
由於學校本位課程發展的任務超越多數教師過去的工作經驗，因此他們往往需要更多的準備。

有的教師可能會基於對現狀的不滿，例如：學生行為不良、成績欠佳、教學效果太差，對常規的教學程序感到厭煩，或是感受同儕壓力等因素而投入變革；卻也可能在對現有工作滿意的情況下，參加學校本位課程發展活動。這些不同的參與動機都將影響教師投入學校本位課程發展活動的程度。因此，在推動學校本位課程發展時，必須先加以瞭解。

惟不管教師參與學校本位課程發展的先前狀態如何不同，教師的專業進修仍是提昇教師參與的重要途徑。這些進修可以透過鼓勵教師進修學位，或辦理各種校內的研討會、小組會議、課堂觀摩，校外參觀活動、校際研習營等型態進行。至於家長和學生的參與準備，也可以參考此一類似的方式進行。

◎重視課程領導

為促進學校本位的課程發展，課程領導責任的重新認識與分配相當重要。其中，校長應扮演催化者與問題解決的角色，一方面向社會傳遞學校的課程方案，誘發學校成員的主動參與；再方面於學校本位課程發展過程中發現各種可能出現的緊張態勢，並加以化解（Marsh et al., 1990, 185）。

其他學校行政人員則可扮演管理者、溝通協調者、人際關係促進者與評鑑者的角色，於學校本位發展過程中，提供各種可能的協調、管理等事宜。此外，成立「學校課程發展委員會」也是可以採行的作法。此一委員會可由學校教育人員、地方社區人士代表，甚至教育行政主管機關與外部學者專家等人組成，統籌資源、經費、人事分配等事宜。

在推行學校本位課程發展之初，應先將學校本位課程發展的可能限制與優點一併告知教師。然後在做法上透過獎勵機制，例如釋放某些教學時數、給予名譽職稱（Spinks,1990），或採分段漸進的方式進行，讓教師在前一階段的經驗與成果之上，繼續朝下一階段的目標邁進。在完成課程方案之後，應將過程與成果透過課程手冊或其他管道，讓其他家長、教師與學生瞭解。

◎學校組織氛圍

為使學校社群成員有機會參與課程決策，學校必須建立新的組織結構與分工，確立民主化的決策方式，運用相應的管理技巧，在學校內形成相互合作、培養支持課程發展的學校文化。一方面促使學校成員開展自我反省能力，探索、解決存在的問題，同時也提供必要的各項支援，例如：參與課程發展的時間、可以取得的教材資訊以及學校成員的發展等。

結語

　　學校本位課程發展固然可能來自外在壓力，但每一所學校還是有其獨特性，這反映在課程的現象是不同的課程議題。這使得學校教育問題不只應被研究，還應被學校成員本身來研究。因此，如何透過各種方式，促使學校體認學校本位課程發展的必要，凝聚成學校內部自發的一股動力，便成為賦予學校課程自主權限，加大學校課程彈性，落實所謂學校本位課程發展時，首需重視的課題。

　　由於學校本位課程發展，不只具有課程的意涵，也有學校行政與師資培育的意義（Eggleston, 1980, ix）。因此，對於學校本位課程發展的實施就課程發展時，就不能僅停留在理念層次的呼籲倡導，還應留意教育觀點的改變與實際教育行政等方面的配合，使學校成員及早為此一重要的角色進行預備，做好學校本位課程發展的工作。

　　雖然有人認為，學校本位課程發展只有在學校擁有完全的教育自主權時，才可能發生。但事實上，學校本位課程發展仍需要國家、地方教育行政機構提供資源與人力，甚至監督協調。因此，學校本位的課程發展不能排除其他層級的課程發展與成品。

　　此外，學校本位課程發展的成果可以是課程的試用調查、課程的選擇、課程的修正與創新。但除了重視學校本位的課程發展的成果之外，我們也應留意學校本位課程發展的過程，藉由此一過程，使學校成員學習民主的參與、團體合作方式，改進學校組織的結構，提昇成員解決問題的能力。

　　學校本位的課程發展，必須有獨特的學校氣氛、個別的學

校哲學、有意願能力的成員、支持的校長與學校外部控制的解除。但即便如此，也不保證大家對於目標與作法就能凝聚共識。唯課程發展原就是一種觀點、權力衝突的過程，過程中一定會伴隨著不舒服、失望沮喪的感受，我們最好將這些不諧和的現象與感覺界定為學校本位課程發展過程中不能免除的特色，儘量透過領導與溝通來指認這些衝突，繼而尋求解決之道。

　　許多研究固然指出學校本位課程發展具有許多優點，例如：擴大參與，提昇教師專業知能，更有效的回應學校、地方需求，有助於課程改革的落實等等。但同時也證實仍有許多因素會左右學校本位課程發展的成敗。因此，我們也應瞭解每一課程發展模式的優缺利弊與可能影響因素，於運用之際儘量避其害取其利。同時，瞭解如果此一改革是必要且迫切的，就必須努力突破這些限制。因此，文末謹託付史坦豪斯的一席話與所有學校教師及教育行政機關一起策勉。

　　沒有教師的力量，學校的革新無法達成。但除非教師之間能彼此合作協力，並取得支持；否則，個別教師的力量是有限的。學校作為一個具有組織的初級教育社群，正是提供教師支持，協調課程問題的基本單位。

—Stenhouse,1975—

註釋

◎註一：如國小的英語教學、開放教育與田園教學，中等教育的完全中學課程實驗、綜合高中課程實驗與高職試辦學年學分制等。

◎註二：國小學校課程彈性有：取消作息時間、各類活動科目得隔週連排、團體活動時間開放外語教學、「鄉土教學活動」由學校或地方自行設計、每週一節的彈性時間（教育部，民82）。國中的學校課程彈性有：縮短上課時間每天多出35分鐘；每週上課一節的科目可隔週或集中排課；國三英、數、理化設置個別差異教學時間；國三可集中運用部份學科時間，由學校實施藝能科或職業陶冶教學；一至三年級開設選修科目，節數為國一1-2節，國二2-3節，國三2-5節；「鄉土藝術活動」由學校或地方自行設計（教育部，民83）。高中的學校課程彈性有：高二選修0-6節、高三17-19節，以適應地區條件，利用社區資源，發揮學校特色（教育部，民85）。預定今年（87）公佈的高職課程標準，亦同樣以「賦予學校更大的辦學空間」為修訂理念，在學生總畢業162學分中，規劃25-56學分為校定科目時數，佔整個課程架構的1535%（教育部，民86）。

◎註三：教育部日前宣佈另一波的教改動向揭示 90 學年度起將實施國民中小學九年一貫課程，課程中除了70%的基本授課時數之外，剩餘的30%稱為彈性授課時數，將留給學校運用（中華日報，民87）。

◎註四：例如馬旭等人便主張應以「學校焦點的課程發展」（school-focused curriculum development）取代「學校本位課程發展（Marsh et al., 1990）一詞。而許多研究文獻中，也有以「學校改進」（school improvement）同等「學校本位課程發展」的情形（Eggleston, 1980）。

◎註五：奈特（Knight, 1985)曾對50個學校本位的課程發展案例加以分析，發現這些學校雖都採用學校本位課程發展一詞，但實際上所涵蓋的作法卻相當分歧。

中文參考書目

◎中華日報。〈90學年度起國小須上英語及電腦－林清江勾勒教育藍圖，國民教育以發展學生核心能力為主〉。《中華日報》，民國八十七年五月十三日，第一版。
◎王文科。〈學校需要另一種補充的補充課程：發展學校本位課程〉。載於中華民國課程與教學學會、中華民國比較教育學會主編，《課程改革的國際比較：中日觀點》，頁67-85。台北：師大書苑民國八十六年。
◎教育部。《國民小學課程標準》。台北：台捷文化，民國八十二年。
◎教育部。《國民中學課程標準》。台北：編者，民國八十三年。
◎教育部。《高級中學課程標準》。台北：編者，民國八十五年。
◎教育部課程修訂總綱小組。《高級職業學校課程課程修訂理念與實務》。台北：編者，民國八十六年。
◎黃政傑。《課程改革》。台北：漢文，民國七十四年。
◎黃政傑。《課程改革的理念與實踐》。台北：師大書苑，民國八十六年。

英文參考書目

◎Bezzina, M. (1989) *Does our reach exceed our grasp ? A case sudy of school based curriculum development.* ED366109

◎Bezzina, M. (1991) *Being free and feeling free: primary teacher's perceptions of participation in curriculum development.* ED368693

◎Blenkin, G. M., Edwards, G & Kelly, A.V. (1992) *Change and t he curriculum.* London: PCP.

◎Brady, L. (1987) *Curriculum development.* Sydney: Prentice Hall.

◎Chapman, J.D. (Ed) (1990) *School-based decision-making and management.* London: The Famler.

◎Eggleston, J. (1977) *The sociology of the school curriculum.* London: RKP.

◎Eggleston, J. (1980) *School-based curriculum development in Britain.* London: RKP.

◎Knight, P. (1985) The practice of school-based curriculum development, *Journal of Curriculum Studies,* 17(1), pp.37-48.

◎Marsh, C., Day, C. Hannay, L. & McCutcheon, G. (1990) *Reconceptualizing School-based curriculum development.* London：The Falmer.

◎Moon, B., Murphy, P. & Raynor, J.（1989）*Politics for the curriculum.* London：Hodder & Stoughton.

◎OECD (1979) *School-based curriculum development.* France: OECD.

◎Prideaux, D. (1993) School-based curriculum development: partial, paradoxical and piecemeal, *Journal of Curriculum Studies,* 25(3), pp.169-178.

◎Skilbeck, M. (1976) School-based curriculum development. In J. Walton & J. Welton (Eds) (1976) *Rational curriculum planning.* pp159-162. London: Ward Lock Educational.

◎Skilbeck, M. (1984) *School-based curriculum.* London: Harper

& Row.

◎Simpson, M. (1989) School-based and centrally directed curriculum development: the uneasy middle ground. In Moon, B., Murphy, P. & Raynor, J.（1989）*Politics for the curriculum*. London; Hodder & Stoughton.

◎Sparkes, A. C. (1989) Strategic rhetoric: a constraint in changing the practice of teachers, *British Journal of Sociology of Education*, 8(1), pp.37-54.

◎Stenhouse, L. (1975) *An introduction to curriculum research and development.*. London: Heinemann.

參 | 淺談學校本位的課程與教學

林秀容

前言

　　一場空前的教育改革，正在我們的社會上演。坦白說，影響教育改革的成敗因素雖多，課程與教學的落實應該是最主要的關鍵。因為學校是經由有計劃的設計，以促使學生成長的地方。換句話說，課程與教學則是計劃的主要內容與實現的目的的重要手段。課程的選擇範圍，涵蓋著整個人類的生活領域，如何把有助於學生成長與發展的生活經驗，轉化成適合學生吸收的材料，然後再用合宜的教學方法，將之教給學生，進而達成教學的目標，是課程設計的重要課題。

　　然而，過去課程與教學的實施，一直是個鮮為大眾熟知的「黑盒子」；因此，課程常常成為大眾所詬病的箭靶。而今值得欣慰的是，教育改革的觸角已經觸及這個鮮為人知的「黑盒子」，把課程與教學的改革列為一個重點，並且積極地展開課程改革的具體行動。今後要使教育發揮應有的功能，應該勇敢地打開這個黑盒子，並且正面地檢討過去一直未被重視的課程與教學的問題，才能達成改革的目標。基於此種理念，筆者乃不忖鄙陋，將個人這幾年來在國小課程與教學的觀察所得，分成當前我國課程與教學的缺失、學校本位課程的的意涵、課程轉化的重要原則、課程轉化之舉隅等方面，提出淺見，尚請各方先進不吝賜教。

當前我國課程與教學的缺失

　　我國當前課程存在著一些常被詬病的缺點，歸納言之，不外下列諸點：

專家主導的課程設計

課程是學校設計給學生學習的內容和材料。但是過去課程的設計，常藉專家學者的理想而建構，真正在教育現場最前線、最瞭解學生需要的教師則未被徵詢，換句話說，教師隔離(teacher-proof)的現象十分明顯。與課程直接關係的學生亦未受到應有的重視。換句話說，課程設計似乎未能考量消費者的需要。此外，家長的意見也無法有效地表達。這種非以教師、學生、家長為考量的課程，注定了不受歡迎的命運。

意識形態滲入課程之中，知識成為被控制的貨品

課程表面上是代表著客觀的真理，但在實際運作之時則無可避免地滲入許多專為某些階級或人士的利益而設的意識形態，這些意識形態被包裝成價值中立的、大公無私的真理，左右著下一代的思想，而難以覺知。這種經過扭曲、化妝的知識不但無法達成教育的原有目的，反而製造出許多與教育目的相違背的結果。

僵化而缺乏彈性課程制度

過去的課程有著巨細靡遺的詳盡規定，舉凡科目的名稱、科目的時數、教學的進度、評量的方法、成績的計算等，在國小課程標準中都有統一的設計，而要求全國不分地域、特性、學童素質、家長期望，一體遵行。在教科書方面，更有由國立編譯館統一編輯的所謂的統編本或國定本的教科書，讓教師使用。由於規定過於詳盡，無法滿足各校的獨特需要，不免造成「削腳適履」的遺憾。

剝奪教師專業成長的機會

教師的天職在於教學；教師的專業在於課程；惟有讓教師能夠心無旁騖地進行教學，也惟有讓教師能夠發揮創意地自

行設計課程，教師的專業才能逐漸地成長。過去的教師被許多與教學無關的行政雜務分去太多的精力，而又無法對於課程享有專業自主權，這不僅是教師無法專業成長的一大理由，更是教育無法進步的主要原因。

綜合上述各點，當前國小課程的缺點在於忽視教師的課程權利與責任，是「由上而下」(top-down model)的技術官僚的運作方式。由於學校、教師、學生以及家長都被排除在課程課設計的範疇之外，形成課程與生活脫節的現象，造成學生對課程沒有興趣的後果，產生「隔靴搔癢」的疏離態度。今後要革新課程的這些缺點，惟有改採「學校本位的課程與教學」，才能對症下藥，再創課程的新機。

學校本位課程的意涵

「學校本位的課程與教學」既然是針對當前課程缺點的一帖良方，我們首先便得對「學校本位的課程與教學」的理念根源作一歷史性的回顧，惟有如此才能把握其真正的意涵，而不至於迷失方向。

「學校本位的課程與教學」並非新的概念，早在二、三十年前的英國的徐翁(Schon, D.A.)便已提出此一概念。他在其《超越穩定的國家》(*Beyond the Stable State*)一書中便曾指出課程傳播的三種模式：

其一是「中央--邊緣模式」(center-periphery model)。在這種模式中，課程是由中央所主控與決定的，地方對於課程甚少有決定權，一切只能聽命於中央，不能稍有違誤。

其二是「核心增多模式」(proliferation of centers model)。

在這種模式中，課程仍然是由中央所主控與決定，只不過中央因爲無法獨自掌控地方，因而增加了一些層級，作爲代替中央指揮地方的中心，但是整個的課程決定權，還是掌控在中央。地方無權置喙。

其三是「核心改變模式」(shifting centers model)。在這種模式中，課程不再由中央所獨自主控與決定，地方對於課程已有甚大的自主決定權，不必凡事聽命於中央，而有甚大的彈性運用的空間。

美國的哈福洛克(Havelock, R.G.)在1971年出版的《透過知識的傳播與運用來規劃革新》(*Planning for Innovation through the Dissemination and Utilization of Knowledge*)一書中也提出課程改革的三種模式：

其一是「研究、發展、普及模式」(Research, Development and Diffusion Model；簡稱 R,D & D Model)：在這種模式中，課程是由中央所聘請的專家，透過研究與發展的手段，再將之傳遞給學校教師使用。專家的角色與地位明顯地高於學校教師，他們是課程的生產者或創造者，教師則是課程的消費者或使用者，雙方的課程權限有極大的差距。教師聽命於專家，專家指導教師，與徐翁的「中央--邊緣模式」類似。

其二是「社會互動模式」(Social Interaction Model；簡稱 SI Model)：在這種模式中，強調各種課程人員相互溝通的重要性，也知道課程的成敗關鍵在於消費者（教師）的配合與否，更注重溝通管道的建立對課程的執行有其重要性。儘管如此，此一模式與「研究、發展、普及模式」一樣，採用「中央--邊緣模式」的理念，只不過已經稍微具有「核心增多模式」的精神。

其三是「問題解決模式」(Problem-Solving Model；簡稱PS Model)：在這個模式中，強調課程的問題要由使用者（教師）來加以認定，教師應該積極地負起課程的決定權，教師與課程專家的關係是共同合作的關係，而非提供者與接受者的關係。教師是課程改革的主角，而非配角。這種模式與徐翁的「核心改變模式」在精神上有其相通之處。

上述徐翁的「核心改變模式」與哈福洛克的「問題解決模式」便是「學校本位課程」(school-based curriculum)的思想根源。「學校本位課程」又稱為「學校焦點課程」(school-focused curriculum)、「學校中心課程」(school-centered curriculum)、或「有效學校運動課程」(the effective school movement curriculum)。名稱雖有不同，強調之點容有差異，但是他們的共同之處在於打破「由上而下」(top-down model)的技術官僚的運作方式，主張把課程的決定權還給學校、教師、學生以及家長，是一種「由下而上」(bottom-up)的課程運作方式，強調課程的彈性與教師的自主。

這種課程理念的核心主張，便是對於過去課程的基本目的、權力核心、決定人員、運作方式、改革機構、課程內容、教學程序等提出轉化的要求。因此可以稱之為「追求轉化的課程」。

總而言之，建立學校本位課程的主要理由在於：

1.打破過去課程的僵化性與封閉性。
2.順應無法抵擋的課程民主化與自由化的世界趨勢。
3.肯定教師、學生與家長才是課程的主導者。
4.充分尊重教師的課程與教學的專業自主權。
5.校長、教師、家長、學生的同心協力是課程成功的關

鍵。

6.從學習者的觀點設計課程的內容與教學的方法。

7.強調鄉土教材在課程中的地位，善用社區資源於課程之中。

8.建立激發個性的學習環境，培養學生主動學習的態度與習慣。

課程轉化的重要原則

「學校本位的課程」又稱為「追求轉化的課程」已如上述，然者課程轉化要能成功，必須遵守一些重要的原則，否則便會產生「未蒙其利，先受其弊」的後果。為使課程轉化有效，此處提出幾個原則供作參考：

學生利益優先原則

學校本位的課程設計是為了學生獲得學習的利益為最大的考量。學校以學生為主體，課程本身亦是為學生的學習而存在，因此如何因應學生能力、興趣、與現實生活的需要，來設計符合學生利益的課程，應是課程設計的最大原則。

◎**要考量學生現實世界的基本需要**

課程是與學生的現實需要密切有關的，惟有如此，才能引起學生的學習興趣，才能對學生的實際生活產生作用，也才能在學生的生命中落實生根。

◎**符合學習者的基本能力、性向與興趣**

課程的設計要考量學生的基本能力、性向與興趣，才能促使學生主動學習，並將所學遷移到其他的情境之中，成為真正有用的知識，進而內化成學生人格的一部份，成為真正能獨立思考、獨立判斷的國民。

◎符合學生的身心發展階段

　　課程的設計要依據學生身心發展的階段巧為安排，使學生能夠在輕鬆愉快的情境下，進行有效的學習，而毫無勉強之處、痛苦之感。如此所學才是堅實牢靠的學習。

整體考量原則

　　課程本身涵蓋面甚廣，從目標、教學者、學習者、環境、教學方法，無不包含在內。因此課程設計應該兼顧這些範疇，使學習的經驗統整化，讓學生獲得完整、一貫、整體的經驗，而非零散破碎的事實。

彈性原則

　　為了消除統一課程的僵化，因應學生的個別需要，使學生無論智愚，都能獲得最大潛能的開發，培育社會有用的各種人才。如此一來，才不至於犧牲兩極的學生，而能達成因材施教、人盡其才的教育理想。

教育目標導向原則

　　課程設計的目的在於達成教育的目標，因此整個的課程與教學都要以教育目的為最終的依歸。

課程轉化之舉隅

　　學校本位課程的目的是要把教學主體者的角色還給教師與學生，找回他們在封閉的課程制度中失去的自主性、主體性與創造性。日本自二十多年前由加藤幸次提出「一所沒有圍牆的學校」的教育的理念，所追求的正是學校本位課程的基本精神。基隆市國小校長曾於八十七年二月初組團前往日本

參觀其課程。其中位於千葉縣的打瀨小學，就是展現「追求轉化」的課程理想的實驗學校。它的校齡雖然只有短短的三歲，我們卻看到許多轉化學校本位課程的重要理念與做法，值得我們學習：

◎強調「綜合學習」的課程

該校的課程除文部省規定的各學科、道德、及特別活動外，另增加一種名為「綜合學習」的課程。其內容包羅甚廣，舉凡科學的、環保生態的、家事的、藝術的，或其他與日常生活相關的主題都可納入，因應學生的不同能力與需要，設計各種學習的活動，讓學生有充分的自由選擇權，想學什麼，就學什麼；想怎麼學，就怎麼學。這才是真正有效而又快樂的學習。

◎由教師成立學校本位的課程研究團體

該校採用「協同教學」的編組，各教師依其興趣與專長，利用每週的教師進修時間，組成研究小組，合夥研究課程與教學，並隨時進行課程內容與教法之檢討、改進，以提升教學的品質。

◎採用「小主題學習」

依據每位學生的個性、生活背景、學習興趣的差異，教師在教學科目中設計了許多不同的研究主題，並輔導學生依其性向、需要、興趣、能力、意願，進行同儕自主的研究學習，然後將學習的成果公開發表。

我們去參觀的時候，他們正在進行此項活動，有的三五成群地聚在一起討論問題，有的在學跳舞，有的正在網路上收集「美國式的生活」之資料，還有一組正在研討「基隆市」。我們的到來，令這一組驚喜萬分，於是搶著與我們合影留念。我們看到每個孩子的臉上展現出純真而愉悅的神情，流

露出學習的成就感與滿足感，令人難忘。

◎運用大單元學習方式，同一主題可以自由選擇學習的方式

　　只要經由教師的有效引導，學生的學習動機就會像噴泉一樣，源源不斷地湧出來，這是大單元學習的目的，也是學校本位課程設計之特色所在。我們看到一班五年級大的孩子，正將老師給他們的「冬」的題目，用盡各種方式展現出來。有的小組決定用「風箏」來表現冬的威力，所以正在共同製作風箏，並想親自試試冬天放風箏的滋味；有的決定用文章來說明冬天的特色，所以正在討論文章的架構與內容，想用生花妙筆描出冬天的景象；有的決定用圖畫彩繪冬天的景象；有的要用跳舞的方式來舞出冬天的冷冽與哆嗦，所以正在挑選有關冬天的舞曲，以便編排舞步；甚至還有的用吃的、穿的來表現冬天的生活形貌；處處充分展現孩子無窮的想像力。這是單一主題大單元教學所展現的效果。我們在一旁看著，試圖接近他們時，他們表現出落落大方的態度，含笑自我介紹，毫不怯生，可見只有此種學校本位的課程，才能真正打開孩子的「心靈與眼界」。

結語

　　總之，學校本位課程是將過去封閉而僵化的課程轉化為彈性而符合學生最大學習利益的課程。如果要達成教育改革的目標，學校必先成為課程轉化的重鎮。而學校要成為課程轉化的重鎮，必須全校具有課程改革的共識；學校行政必須充分支援課程與教學的改革；增進教師轉化課程的能力與意願，使其在教學的過程中，願意時時用心收集課程執行的狀況，並加以檢討改進，以協助學生進行最有效的學習；社區家長的支持與配合也占有關鍵性的決定力量。這些都是推行

學校本位課程不可或缺的條件，也是我們今後努力的一個方向。

中文參考書目

◎李子建、黃顯華。《課程：範式、取向和設計》。台北：五南圖書公司，民國八十五年。
◎黃政傑。《課程設計》。台北：東華書局，民國八十年。

英文參考書目

◎Havelock, R.G. (1971) *Planning for Innovation through the Dissemination and Utilization of Knowledge.* Ann Arber, Michigan: Center for Research and Utilization of Knowledge.
◎Schon, D.A. (1971) B*eyond the Stable State.* London: Temple-Smith.

肆 ｜ 學校本位課程發展的多樣性

◇前言
◇學校本位課程發展的多樣化意義
◇學校本位課程發展的多樣性
◇結論
◇中文參考書目
◇英文參考書目

高新建

前言

　　國民中小學九年一貫課程綱要的研擬，是我國國民教育課程上一個劃時代的里程碑。為了讓這一次課程綱要的訂定工作有一個明確的方向，並且能夠順利地推動，教育部曾經委託學者專家先行研究訂定了「國民中小學課程目標」及「國民中小學課程發展共同原則」（林清江、蔡清田、李興亞、鄒靜宣，民86）。該研究在「國民中小學課程發展共同原則」中提出了「授權原則」，建議各級學校應成立「學校課程委員會」，討論並建立學校特色，提昇學校教育品質；並且指出，「學校應有專業自主的彈性空間，就正式課程與其他的鄉土教育、環境教育、兩性平等教育、安全教育、多元文化教育等相關的非正式課程與空白課程，進行學校教育整體規劃，發覺並處理潛在課程，落實學校教師共同發展課程之理念，發展以學校為中心的課程規劃、實施與評鑑，建立學校辦學特色，以作為學校課程評鑑之參考依據」（頁15）。

　　教育部長林清江（民87）於今（八十七）年三月九日在立法院教育委員會所作的報告亦指出，「教育部已組成課程發展小組，…刻正分組進行課程總綱、各領域或科目教材綱要之研究，並賦予學校建構課程教材內容的彈性空間，使課程與教學更為活潑，並提高學生學習的樂趣」。根據上述研究的建議及教育部長的說明可以得知，我國未來國民教育階段的學校課程，將會有遠比過去為大的彈性空間，各個學校也可以成立「學校課程委員會」，擔負學校正式課程、非正式課程、空白課程與潛在課程的處理和發展工作。因此，研擬中的國民中小學九年一貫課程綱要，為我國「學校本位課程發展」（school-based curriculum development）留下了相當大的空間。

　　學校本位課程發展在1990年代的美國，非常受到教育人員

的歡迎。然而，此一課程計畫與發展的途徑並不是什麼新鮮的事物，因為，早在本世紀的前半世紀，便已經在進步主義教育學者的努力下，使其大部分的原則與實務受到了肯定（Marsh & Willis, 1995）。其後，更在課程學者與學校教育人員的致力之下，促使學校本位課程發展的理論與實務得到了長足的發展，在澳洲、英國、美國、加拿大、與以色列等國，更是相當地普遍與發達。

例如，澳洲的塔斯梅尼亞（Tasmania）與南澳大利亞（South Australia），早在1968年便已經出現了設定學校本位課程發展情境的官方正式聲明。雖然，澳洲的學校本位課程發展在1970年代裡，曾經遭遇到重大的問題（Kennedy, 1992），但是在1978年之前，澳洲所有的州業已將其編製課程的責任移轉給學校了。這種朝向課程自主的改變，也得到聯邦層次的支持。聯邦的學校委員會使用「責任的轉讓」（devolution of responsibility）一詞，來描述其對學校的控制所採取之草根式的途徑。聯邦的學校委員會更給予課程自主進一步的支持（Brady, 1985）。

新南威爾斯州（New South Wales）自1978年起，在強調分享課程發展與決定的作法上，有十足的成長。該州廣泛的教育目的與指引是在州教育廳向教師、課程官員、大學教授與行政人員諮詢之後才決定的。這些文件通常都只是很薄的指引，對其所關切的學科的教學，只提出基本原則的規範而已，並未精確地告訴教師要教些什麼、或是如何教它。學校實施這些大綱（syllabuses）的方式是，將廣泛的指引轉化成為特定的教學計畫、將它們調整成適合學生個人與地方的需求、並準備適當的資源與評鑑工具。地區的教育當局則提供專業上的服務，以發展和評鑑這些大綱（Brady, 1985）。

國內課程學者對「以學校為依據的課程發展」（黃光雄，民73）、「學校的課程發展」（黃政傑，民74，第六章）、「學校本位的課程發展」（王文科，民77），業已為文加以介紹或於相關的文中提及；亦有專文簡介澳洲「學校本位的課程決定與管理」（郭昭佑、陳美如，民86）。然而，由於國內課程學界對此一領域著墨仍然較少，因此，值得深入探討學校本位課程發展這個概念的多樣化內涵。

學校本位課程發展的多樣化意義

　　課程學者對學校本位課程發展這個概念的界定，各有他們不同的見地，而這些互異的定義，也反應出了他們個人所持的立場與傾向。例如，Furmark與McMullen主張，學校本位課程發展係指「實際參與學校日常工作者，例如：教師、父母、學生、學校行政人員等，為了改進課程的品質，所創始、計畫、執行的種種活動」；McMullen認為，學校本位課程發展「是以學校為基礎的課程發展工作，大部份有賴於學校教職員和學校所擁有的資源」（引自黃政傑，民74，頁143）。

　　Skilbeck早期認為，學校本位課程發展「需要他們〔學校和教師〕加入計畫小組，從事課程的建立、試用、評估和重建等複雜工作。它也需要校長及其他傳統的權威人物，放棄某些權利，並且學習去分攤責任」（引自黃政傑，民74，頁143）。其後，Skilbeck（1984）將學校本位課程發展定義為：「由學生所屬之教育機構對學生的學習課程方案所作的計畫、設計、實施與評鑑」（p.2）。這個定義本身隱含著課程發展與課程研究是無法分離的。此外，Skilbeck本人也強調了一些特定的觀點，例如：教師與學生共享作決定；學校本位課程發

展是屬於機構內部的與組織上的；它包括了各個不同團體的關係網路；以及它在價值、規範、程序與角色等方面，具有明確類型的特質。有不少的課程學者與課程實務人員支持並接受了Skilbeck後來所提出的定義。

Eggleston（1980）指出，學校本位課程發展「是以學校的自發活動或學校的課程需求為基礎的發展過程，在此一過程中，對於中央和地方政府的權利、責任和控制，重新加以分配，學校也獲得了法律、行政的自主與專業的權威，而能自我管理發展」（p.12）。

Harrison認為學校本位課程發展是一個組合，而此一組合包括了參與者的意圖課程（intended curriculum）（一個累進而可以修正的計畫）、他們的運作課程（operational curriculum）（在他們身上實際發生的）、與他們所知覺到的課程（perceived curriculum）（他們所知覺到的情境與結果）。她主張「這三個階段的課程就像一組聯合裝置的組合，其間的交互作用為了累進修改此一課程而帶來繼續不斷的評鑑與作決定」（Marsh et al., 1990, p. 48）。

Knight（1985）則根據他所分析的50個學校本位課程發展個案的特質，而將學校本位課程發展界定為是一種改變，這種改變係學校內會導致課程內容改變的創造性活動的產品（p. 38）。

此外，也有作者將學校本位課程發展或是其相近的概念，視為是已經眾所皆知的名詞，在沒有加以界定之下，便直接進行有關的研究或討論（例如：Bezzina, 1991；Cornbleth, 1990；Kennedy, 1992；Marsh & Willis, 1995；Swoell, 1996）。縱使如此，課程學者對學校本位課程發展的概念，仍然沒有

達成一個放諸四海而皆準的定義。例如：1985年在以色列所舉辦的學校本位課程發展研討會中，來自英國、加拿大、與以色列的五十位與會學者，針對學校本位課程發展各個層面的議題與問題，舉行了四天密集的研討。在這次的會議中，大會主席提議以Cohen（1985）所提出來的定義，作爲研討會各項討論的共同立場，但是，這個提議並沒有能夠被所有的參與者接受。縱使在花費了一整個場次專門討論學校本位課程發展的定義之後，仍然無法產生一個讓全體一致接受的定義。

　　根據Sabar（1985）的觀察，此一對學校本位課程發展的定義進行熱烈的討論、但是卻又未能得到共識的現象，其所顯示的意義是，任何一個國家的學者對學校本位課程發展一詞的定義，大抵都是立基於其所處國家的政治、社會、與文化情境的運作情形，並且也因而反應出該國與其他國家的不同之處。例如：英國的學校具有其自主的傳統，其學者便比較傾向於把學校本位課程發展看作是「整體的」學校課程計畫，而此一課程計畫所關心的則是，作成學校優先順序的決定、從事資源的劃分（諸如：人力、經費、時間等等）（參見Nias, Southworth, & Campbell, 1992）；至於以色列，由於其中央集權的傳統與結構，通常把學校本位課程發展當作是，在計劃學校課程時所需要處理之「部分的」問題，而學校本位課程發展的進行，經常是由學校所單獨進行的、並且是爲了個別學校自身而產出之特定學科的課程。Sabar認爲這是一個比較片斷的觀點。

　　儘管如此，同屬於英國或以色列的教育學者，對學校本位課程發展也經常有著不同的看法。其歧異性的來源係出自於一些有關的變項，例如：他們的教育哲學觀、他們所指涉的學校教育層級、或是他們所關切的學科到底是單一的學科還

是科際整合的學科（Sabar, 1985）。因此，便有學者質疑，刻意將學校本位課程發展一詞當作是一個共同的名詞，可是在實際上它卻又涵蓋著極大的多樣性，這不免會令人懷疑這個一般性名詞的價值（Knight, 1985）。

對學校本位課程發展一詞的意涵，學者也有不同的觀點。有的學者認為學校本位課程發展是由許多理念所構成的合成物，而可以建構成一個教育哲學；有的則認為它是由許多因素與策略所組成的模式；亦有學者認為學校本位課程發展是能夠達成提倡者所堅持之目的的技術與過程、使其更為有效的方式、及其學校校長的領導技能與特質；亦有學者綜合上述的多項見解等等，不一而足。

此外，有些教育學者與教育制度和機構把學校本位課程發展當作是一個教育口號來使用，通常是用作呼籲控制權的轉讓、及「草根式」（grass-roots）決定與控制的口號，並且也經常用來作為與集權化教育相對之另一個極端的代表，希望能夠引發地方層次人員的參與和行動；而其他的人則傾向於把它概念化為一種方法與技術，或是在本質上是由學校教育人員所發動之草根性活動的現象（Marsh, 1992；Marsh, Day, Hannay, & McCutcheon, 1990）。過去集權化的教育決定與課程決定，係以普遍化的概念強加在學校機構上；替代地，學校本位課程發展提供了許多適當的機會，讓學校可以發展與實施適合其特殊情境的概念。因此，學校本位課程發展被視為是早先課程改革方式的逆轉（Knight, 1985）。然而，諷刺的是，某些教育系統中的高層官員，曾經使用學校本位課程發展來轉移大眾對教育危機的批評；有些財政主管單位，則用它來作為削減教育成本的手段（Marsh et al., 1990）。

學校本位課程發展相似詞釋義

近三十餘年來，學校本位課程發展在許多西方國家已經儼然成為多種教育實務改革的一個共同口號。它也有著許多不同的稱呼或是同義字，經常為人所使用。例如，有使用「學校中心」（school-focused）而不是「學校本位」者、亦有使用「課程決定」（curriculum decision-making）替代「課程發展」者。學校本位課程發展有時又被稱作是「整體學校課程發展」（whole school curriculum development）、「現場本位管理」（site-based management）、或是簡稱為「合作的課程發展」（collaborative curriculum development）。以「學校改善」（school improvement）與「自我管理學校」（self-managing schools）來替代者，也時有所聞。

若從字面上去界定，則「學校本位」比較傾向於意謂著，所有的教育決定均在學校層次作成。對體制內的學校（例如，政府所設立與經營的學校）而言，實在非常不可能會存在著這種現象。至於「學校中心」一詞則是一個比較弱的詮釋，其所意涵的是，不論是在那一個層次或由誰作成的決定，其決定的作成係以學校社區的利益與需要為出發點。是以，在範圍廣泛的各種高度中央集權化的作決定活動中，也可以應用「學校中心」一詞。如果把這二個名詞看作是一條連續線的話，則「學校本位」是位於接近由個別學校負責全部課程決定的那個極端；而「學校中心」則可以代表在中央集權與地方分權兩個極端之間的中點（Marsh, 1992；Marsh et al., 1990）。

至於「課程發展」一詞，也有很廣的內涵，而且經常被人用來描述課程的計劃、設計與編製等各種過程，亦即，課程發展這個名詞通常與完成一組特定的課程材料有關。這個名詞還可以包括與實施及評鑑該組課程材料有關的各種教學活

動。有些學者則傾向於將這些精心設計的活動，賦予一個有充分經費支持的課程專案小組來承擔。不過，由於這些活動的規模與範圍很可能會超過個別學校社區的能力範圍，因此，有些學者比較傾向於使用「課程製作」（curriculum making）一詞來取代課程發展，因為，他們認為對學校人員而言，課程製作一詞所代表的是範圍比較有限的活動（Marsh, 1992；Marsh et al., 1990）。

在羅列了學校本位課程發展的多個定義、有關的意涵與意義及其類似的名詞之後，本文一反一般論述的作法，刻意不對學校本位課程發展這個具有多樣化意義的概念，提出一個綜合性的定義。相對地，基於下一節所將說明的學校本位課程發展是一個有著多種型式與風貌的特質，本文作者強烈建議對學校本位課程發展有興趣的課程發展人員、研究人員與一般讀者，思考並檢視自己的涉入程度與實際課程發展實務上的需要，界定適合自己所處情境與需要的定義。以下說明學校本位課程發展的多樣性。

學校本位課程發展的多樣性

由現有的文獻資料可以發現，學校本位課程發展的過程與對之所作的相關研究，存在著相當大的多樣性與異質性。例如，早期Eggleston（1980）所蒐集的個案當中，個案間的差異性便已經十分明顯了。Knight（1985）在蒐集並且分析1973至1983年間50個學校本位課程發展的個案研究之後，也發現這些個案研究存在著很大的異質性。Marsh等人（1990）書中所提供的澳洲、加拿大、英國與美國等四個國家學校本位課程發展活動的個案研究報告，也可以發現其間存在著非常大的歧異性。同樣地，在Nias等人（1992）書中所探究的五所英

國學校的學校本位課程發展活動中，也存在著很大的異質性。本節針對學校本位課程發展的型式及其參與者的準備度等二項，說明學校本位課程發展可能存有的多樣性。

學校本位課程發展的型式

　　有不少的作者試著由不同的層面，描述什麼是學校本位課程發展，並且嘗試著指出它的無窮變化與多樣性。例如：Walton在使用學校本位課程發展一詞時，作了進一步的區分，他認為學校本位課程發展通常包括了「創造」新的產品或是該創造的過程，但是，它也可以包括教師由其所能夠取得的商業課程材料中作「選擇」、與進行各種不同程度的「改編」（Marsh et al., 1990）。當然，後面的二種過程所需要的時間與經費都比較少，而且參與者也只需要比較低層次的意願與付出。

　　前述Knight（1985）研究的發現是，學校本位課程發展在層級、企圖心（活動的類型）、層面（領導的角色）、標的（所要影響的對象）、內容（領域）、計畫、實施、與評鑑等八個層面，在在有著相當大的變異性。Brady（1987）則以「活動的類型」（包括：課程材料的創作、調整、與選用）為一個軸、而以「參與的人員」（包括：個別教師、少數的教師、團體、與整體教師）為另一個軸，建構出一個分類系統，並且以這個分類系統為基礎，指出十二種不同型式的學校本位課程發展。

　　Marsh等人（1990）認為，在課程實務上，必然存在著許多型式的學校本位課程發展，因而單一的定義是無法代表這許多的型式。根據他們的觀察，在上述Brady所指出的「活動的類型」與「參與的人員」等兩個軸之外，還存在著「付出的時間」這一個面相。Marsh等人以這三個面相，建構出如

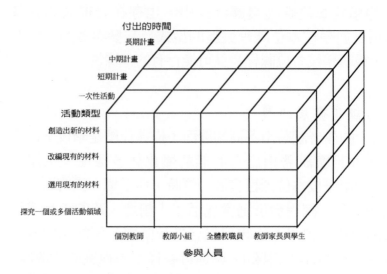

付出的時間
長期計畫
中期計畫
短期計畫
一次性活動
活動類型
創造出新的材料
改編現有的材料
選用現有的材料
探究一個或多個活動領域

個別教師　　教師小組　　全體教職員　教師家長與學生

參與人員

圖4-1 **學校本位課程發展變化的方塊**（Marsh et al., 1990 p.49）

（圖4-1）所揭示之具有三個面相的「學校本位課程發展變化的方塊」。他們認為「付出的時間」這一個面相，必然是一個決定性的因素，因為，只作一次的活動如果它本身不是一個發展良好、正在進行的計畫中的一個部分，則不論這個一次性的活動是多麼的成功，它對學校社區不太可能會有持續性的效果。當然，縱使是一項持續了二三個月的活動，也有可能會因為缺乏時間與存在著其他具有競爭性的優先事項，而變得失去其應有的效果。再者，每個學年末所出現的教師異動現象，對學校本位課程發展活動的長期發展，也會帶來額外的問題。

　　由（圖4-1）的方塊可以推衍出64個學校本位課程發展的理論型式。Marsh等人根據（圖4-1）的方塊，列舉了二個例子。典型的學校本位課程發展之一是，一小群的「教師小組」在他們的「短期計畫」中「改編」自然科學的習作，以便改善他們在小學高年級自然科學的教學。至於由（圖4-1）所可以推導

出之比較具有雄心壯志的作法則是，由「教師（小組）、家長與學生」所組成的地方社區小組，在為期一個學年的「長期計畫」中，從事「創作出新的材料」的發展工作。讀者可以由（圖4-1）輕易地自行類推出許多型式的學校本位課程發展工作。由此也不難理解到，學校本位課程發展是一個多樣性的現象，在同樣的一個名詞之下，有著非常大的變異性。

參與者的準備度

在（圖4-1）所涵蓋的參與的人員、活動的類型、與付出的時間等三個面相中，參與的人員是最具關鍵性的。因為，活動的類型與付出的時間等二個面相，在在和參與人員所願意涉入的程度及其發展準備度（或是發展階段），有著密切的關聯。本小節說明學校本位課程發展參與者的準備度。

固然學校內可能偶爾會有一二位教師對學校本位課程發展的工作，業已有了明確而清楚界定好的目標，但是，大多數的教師對學校本位課程發展卻可能沒有什麼概念。再者，一如 Lieberman 及 Miller（1984）所指出的，班級教師所主要關切的是，他們班級每日運作的節奏、常規、師生的交互作用與感受等等。因此，學校內每一位教師的發展階段，並非都已經超過上述這些立即性的關切，而能瞭解和注意到學校本位課程發展的任務，更遑論能夠積極主動地參與。Marsh等人（1990）表列了學校本位課程發展參與者的發展階段，可供吾人瞭解參與人員在準備度上的多樣化。

Marsh等人（1990）對（表4-1）作了相當詳細的說明。他們認為有些教師可能永遠不會超越過階段一。亦即，他們對完全處在自己的教室中工作，感到相當的滿意，而且也很少和學校其他的教師接觸。

表4-1 學校本位課程發展參與者的發展階段

階段	主要的優先事項
階段一 個別的實驗	1.對與他人在一起工作沒有信心 2.沒有分享理念的意願
階段二 交換理念	1.願意私底下「交換祕訣」 2.願意嘗試其他教師的理念
階段三 尋求資訊	1.非正式地找出有關的任務與期望 2.從事獨立的蒐尋工作（例如：資源中心）
階段四 最低責任的參與	1.擔任只需要有限度之領導技能的角色 2.對於參與的程度傾向於採取「低度曝光」
階段五 主動的參與者	1.成為活動中的主要參與者 2.願意組織與領導不同的活動
階段六 承擔主要的領導角色	1.對倡導與計畫活動有足夠的準備 2.監督成果，並且在需要維持團體的生產力與方向時，能夠採取適當的行動步驟

（取自Marsh et al., 1990 p.57）

　　在階段二，幾乎是和維持在自己教室內的隱私有著同樣程度的「安全」。教師在午餐休息的時候，非正式地和其他教師分享他們的想法，但是卻從來不會揭露他們學生所發生過的事件的詳細內容。「交換烹飪祕訣」一詞，非常適合用來描述處於階段二的教師。教師對烹調「成份」的內容細節，可能會刻意地保持非常模糊的描述，不過，教師間所秉持的共同默契則是，他們的祕訣都是來自於已經發生、而且是對他們具有重要意義的實際教學或生活事件。

　　由於教師在學校內的教學工作已經非常的忙碌，而班級又

是教師內在報酬的主要來源，因此，一旦教學之外的工作負擔，非常可能會減少教師與班級學生相處的時間時，通常只有少數的教師願意負擔額外的工作。這些教師已經超越了階段二，不過部分的教師可能會顯得比較謹慎，並且希望在承諾與付出他們的心力之前，先確定教學之外的工作負擔是什麼。因此，階段三的教師傾向於向他們學校、或是附近學校有經驗的學校本位課程發展的參與者，尋求相關的資訊與建議。

階段四的教師已經同意參與學校本位課程發展的任務，不過他們通常會選擇低度的曝光、比較不會引人注意的角色。一般而言，他們不全然相信學校本位課程發展方案的存活力，對它也缺乏信心。

對照之下，階段五的教師是學校本位課程發展方案非常主動的參與者，他們會花費他們教學之外的大部分時間，和其他的教師作接觸和進行計劃活動，他們通常也願意承擔和學校本位課程發展專案有相關的任務。這些任務可能包括了，需要在午餐或休息的時間對其他教師宣布有關的事情、以及從事其他「高曝光」的活動。他們也經常需要在學校放學之後，繼續進行非常多的相關活動，例如：和教育用品供應商以及和其他學校的人員作接觸。

階段六的教師對學校本位課程發展的活動，已經有了相當豐富的經驗。他們不但在任教的學校內，業已建立了這方面的聲譽，而且也會積極地找尋可以發動和管理新的學校本位課程發展活動的機會。這些教師在學校內可能已經擁有某一正式的職務頭銜，例如：校長、副校長、或是學科主任。縱使他們沒有正式的職務頭銜，他們也會是人們認知中的非正式領導者。

當然，必須要特別注意的是，教師的發展階段並不必然與其年齡、經驗或成熟的程度有密切的關聯。例如：一位相當沒有經驗的老師有可能會有階段四的表現；相對地，一位非常成熟有經驗的教師可能只願意有階段一的表現而已。再者，學校本位課程發展參與者的發展階段，當然也可以應用到學校社區的其他參與者，亦即家長與學生。由表一也不難理解到，在任何一個學校社區中，學校本位課程發展工作的可能參與人員，在參與意願與準備度上，可能有著十分大的差異。

結論

　　學校本位課程發展在澳洲、英國、美國、與加拿大等國家，已經是一個相當普遍的現象，相關的研究也非常的發達。本文只介紹學校本位課程發展的多樣化意義及其多樣性；至於它的發展模式或程序、各種促進與阻礙的因素、評鑑、及其優點與困難等等，則尚未觸及。

　　由學校本位課程發展的多樣化意義一節可以得知，課程學者對學校本位課程發展的概念，仍然未能達成一個放諸四海而皆準的定義，甚至所使用的名詞也有許多的變化。不過，某一個國家的人士對學校本位課程發展一詞的定義，大抵會反應出該國學校本位課程發展所面對之政治、社會、與文化情境及其運作的情形，以及其個人的觀點與關切的重點。因此，對學校本位課程發展有興趣的課程發展人員、研究人員與一般讀者，便需要思考並檢視自己的涉入程度與實際課程發展實務上的需要，界定適合自己所處情境與需要的定義。

　　學校本位課程發展的型式與參與者的準備度，也都同樣具有多樣性的特質。（圖4-1,）學校本位課程發展變化的方塊提供

了一個定位的參考依據。正在從事學校本位課程發展活動的教師及學校人員，可以在圖中定位出他們的活動，是屬於那一種型式，有些什麼其他的型式可以作為未來調整的方向；對於仍然處於計畫階段者而言，也可以由圖中定位出其所將發動的行動，或是考慮採取其他更恰當型式的課程發展活動。

詳細說明學校本位課程發展參與者的準備度或發展階段（表4-1）的主要目的，除了在說明學校社區的可能參與者在發展階段上的參差與多樣情形之外，最重要的當然是要指出，想要讓學校本位課程發展能夠在一所學校裏蓬勃地開展時，參與者在理想上所需要的準備度。如果一所學校大多數的參與者是處在階段四或是其以上的話，則學校本位課程發展專案能夠圓滿達成的可能性將會很高。

適逢我國國民中小學九年一貫課程綱要的修訂、「授權原則」的提出、及當前「鬆綁」的教育改革走向，學校本位課程發展很有可能會是以後學校專業生活中的一個重要特色。固然，「說辭與實際之間經常存在著差距」（Kennedy, 1992, p. 180），而且學校本位課程發展也還不是發展課程之制度化的主要方式，再加上國家層次及縣市層次教育機關對課程事務的統治措施、其他公私立教育相關機構與個人對課程的關切與影響等，也都會不斷地影響學校內的課程，因此，學校本位課程發展是否能夠成為我國課程發展的主流方式，仍然還是個疑問。但是，只要教師不想繼續成為實施中央法令文件的技術人員、只要教師和學校繼續不斷地尋找和嘗試呈現學習機會給學生的最有效方式，學校本位課程發展便會成為許多教師與學校專業生活中極為平常的一個部分。

中文參考書目

◎王文科。《課程論》。台北：五南，民國七十七年。

◎林清江。《立法院教育委員會第三屆第五會期報告》，民國八十七年。 http://www.edu.tw/minister/report/0305.html#r5。

◎林清江、蔡清田、李興亞、鄒靜宣。《國民中小學課程發展共同原則之研究》。嘉義：國立中正大學教育學程中心，民國八十六年。

◎郭昭佑、陳美如。〈學校本位的課程決定與管理－從澳洲三個學校的個案研究談起〉。《教育資料與研究》，14，87-91，民國八十六年。

◎黃光雄。〈課程設計的模式〉。輯於編輯小組（主編），《中國教育的展望》（頁287-314）。臺北：五南，民國七十三年。

◎黃政傑。《課程改革》。臺北：漢文，民國七十四年。

英文參考書目

◎Bezzina, M. (1991). *Being free and feeling free: Primary teachers' perceptions of participation in curriculum development*. ERIC ED 368 693.

◎Brady, L. (1985). Status in school based curriculum development. *The Journal of Educational Administration*, 23(2), 219-228.

◎Brady, L. (1987). *Curriculum development* (2nd Ed.). Sydney: Prentice Hall.

◎Cohen, D. (1985). School-based curriculum decision making. In T. Husen, & T. N. Postlethwaite (Eds.). *International encyclopedia of education research and studies*. Oxford:

Pergamon.

◎Cornbleth, C. (1990). *Curriculum in context*. New York: Falmer.

◎Eggleston, J. (Ed.). (1980). *School-based curriculum development in Britain: A collection of case studies*. London: Routledge & Kegan Paul.

◎Kennedy, K. J. (1992). School-based curriculum development as a policy option for the 1990s: An Australian perspective. *Journal of Curriculum and Supervision, 7*(2), 180-195.

◎Knight, P. (1985). The practice of school-based curriculum development. *Journal of Curriculum Studies, 17*(1), 37-48.

◎Lieberman, A., & Miller, L. (1984). *Teachers, their world and their work*. Alexandria, VA: Association for Supervision and Curriculum Development.

◎Marsh, C. (1992). *Key concepts for understanding curriculum*. New York: Falmer.

◎Marsh, C., Day, C., Hannay, L., & McCutcheon. (1990). *Reconceptualizing school-based curriculum development*. New York: Falmer.

◎Marsh, C., & Willis, G. (1995). *Curriculum: Alternative approaches, ongoing issues*. Sydney: Prentice-Hall.

◎Nias, J., Southworth, G., & Campbell, P. (1992). *Whole school curriculum development in the primary school*. London: Falmer.

◎Sabar, N. (1985). School-based curriculum development: Reflections from an international seminar. *Journal of Curriculum Studies, 17*(4), 452-454.

◎Skilbeck, M. (1984). *School-based curriculum development*. London: Harper & Row.

◎Sowell, E. J. (1996). *Curriculum: An integrative introduction*. Englewood Cliffs, NJ: Prentice-Hall.

伍 幼稚園課程與教學創新：
一個個案經驗的啓示

周淑惠

研究緣起與目的

　　幼稚教育是最近幾年來才開始蓬勃發展的，由於長年受政府冷落，沒有中央集權式的課程，形成多元化的特色，當然也造成良窳不齊、問題叢生。近年來教育改革之聲甚囂塵上，有理念之幼兒園紛紛尋求變革與創新之道，與中、小學截然不同的是，幼稚園實施課程改革多半是以園所為本位、自我啓動，而中小學則多是反應與執行中央所設定的課程結構。

　　本研究案中的仁大國民小學附設幼稚園（註：化名，簡稱仁幼）是自願參與縣府輔導計劃之被輔導幼稚園，而研究者即為輔導教授。仁幼全園僅有二班、二位教師，二師為求與時脈共舞，期許自我成長，於是透過輔導案達到課程創新與專業成長兩項目的。故而整個仁幼「課程改革」經驗即等於二位教師追求「專業成長」歷程，二者契合、難以劃分。在整個輔導過程中，研究者兼輔導者亟欲瞭解在仁幼課程改革個案經驗中所呈現的教師專業成長，有何特殊意涵或啓示，以及探索仁幼個案經驗對學校本位的課程革新，有何特殊意涵或啓示，此乃本研究之緣起與目的。

　　專業成長（professional development）是近年來教育界熱門議題，所謂教師專業發展，乃指教師在所從事的教育工作中，把握各種進修機會，不斷學習成長，提昇其專業知能、專業態度、專業精神之過程（黃政傑，民86）。專業成長是一個持續不斷的過程（NAEYC, 1994；Burke, 1987；Holly, 1989； 高強華，民81），有關專業成長方面文獻指出：教師專業發展有一最高層次存在，如頗具經驗的「成熟階段」（Katz, 1972; Burden, 1990；Yarger & Mertens, 1980；Unruh & Turner, 1970）、或形同專家的「專業階段」（ Gregore；McDonald,

1982）；然而研究亦指出教師之年資與專業成長階段非成正比，即並非年資愈高，其所屆專業成長階段愈高（Spodek, 1995, Unruh & Turner, 1970；饒見維，85）。在另一方面，文獻亦報導教師專業成長的核心要素是省思（歐用生，民84），「反省性思考」（reflective thinking)已成為近年來師資培育與在職進修方案的寶典（Duff, Brown & Vanscoy, 1995；Schon, 1987；古瑞勉，民86；師大附幼，民85；劉玉燕，民86）。仁幼二位教師均屬高年資教師，在追求課程創新歷程中所顯現的教師專業成長事實，其性質、內涵、所屬階段、方式等是什麼？是否反應以上文獻所載事實？即仁幼二師之專業成長具有何種特性？其專業成長亟需強化內涵為何？其專業成長是否已臻最高層次？其專業成長有效方式為何？均為本研究所欲探究之議題。

至於有關課程改革此一議題，黃政傑（民86）曾引述Ponser（1991）之「架構」（frame）概念，認為一個學校課程的變革或實施有許多影響因素，如同框架一樣，它可以促進或限制課程的實際運作，例如：個人架構、時間架構、物理架構、組織架構、法政架構、經濟架構、文化架構等。以上諸架構經分析不外乎「人的信念」與人以外的「組織因素」（包括：學校組織內部因素與外部因素）二大層面。有關「人的信念」層面因素尤其是教師信念，對課程執行有至深且鉅影響，是課程改革成敗關鍵，乃為許多實徵研究所證實。舉例言之，Bussis, Chittenden 與 Amarel （1976)曾對正在施行開放教育的小學教師加以研究，結果發現：同樣是打著開放教育的旗幟，由於教師信念不同，在教學實施上有很大歧異，甚至有許多教師仍以傳統方式教學，或僅虛浮地操弄表面的課程活動安排，實質上卻未改變，形成「表面課程」（surface curriculum)現象。又教育政策和課程革新的基本理念若與教師

信念未相謀合，會導致執行時被扭曲的現象（Olson, 1981, 1982；Munby, 1983, 1984)；如教師會以「訴諸內在」（domesticating）方式來解決他們自己與課程發展（制定）者間信念的差異，即以自己原有理解來解釋與執行新課程，造成新課程重要部份不是被忽略了，就是以傳統方式來呈現，被轉換得幾乎無法辨識其貌（Olson, 1981, 1982）。

　　其次，有關「組織因素」層面，是課程實施的框架，與「教師專業社會化」方面的研究相呼應。教師專業社會化受三因素影響：教室互動層面、學校制度層面、社會文化層次（高強華，民78）；根據教師專業社會化的實徵研究指出，教師的工作與行為表現常受限於學校組織的工作情勢，諸如：班級大小（Jackson, 1968；Metz, 1978；Sarason, 1982)，外在壓力與測驗制度（Darling-Hammond ＆ Wise, 1985； Porter, 1989；McNeil, 1986, 1988)，管理問題（Kounin；1977)，家長期望（Lortie, 1975；Gracey, 1972；Metz, 1978)，工作分派與負擔（陳添球，民78）, 學生程度與特質（Sarason, 1982）等。綜上所述，誠如Grant ＆ Sleeter (1985) 綜合教師社會化方面文獻與歸納其自身研究結果指出：教師個人所持有的信念與工作情勢因素，實共同決其教學實務；吾人若道：教師推動課程改革實務實受教師個人信念與其組織因素所影響，亦去之不遠。而在仁幼課程改革的個案經驗中，其顯現的架構因素是什麼？那些架構因素對仁幼的影響最為重大，是否呼應以上文獻？亦為本研究所關切之問題。

研究設計

研究對象與研究情境

　　本研究係以國內某縣鄉區（化名清山）的一所國民小學附設幼稚園爲主要探討對象（化名爲仁大國民小學附設幼稚園，簡稱仁幼）。仁幼於民國七十五年成立，位於仁大國民小學大門側邊教室，共有兩班，兩間教室中隔穿廊。由於空間有限，兩間教室一隅均劃爲教師辦公空間，其中一間教室外圍則舖上人工草皮，規劃爲戶外遊戲場，教具與雜物則存於與國小共用的教具室，小部份則置於教室角落。至於課程型態，在八十六年六月前採大單元課程，教學活動多以全班性活動與分組活動爲主，教室無明顯的學習區規劃，所有櫥櫃均臨牆而立，幼兒桌椅聚爲三落，方便分組活動進行。

　　仁幼園長由仁大國民小學校長擔任，二位老師（化名爲勞老師與劭老師）各帶一班，每班三十名幼兒。勞老師除帶班外實兼仁幼園務行政工作，劭老師則兼仁大國民小學出納行政。二位老師均爲師院幼二專畢業，勞老師已屆六十，篤信宗教，其法定年資二十七年，實際任教年資約四十年，在仁幼任教前就職於教會附設幼稚園，後來赴師院進修，畢業後於民國七十五年進入甫成立的仁幼任教至今，是經驗豐富的高年資幼兒教師。劭老師與勞老師是前後期幼二專同學，入幼二專前在商界服務，幼二專畢即進入仁幼工作至今，計有十三年之久，亦屬中高年資幼兒教師。

　　仁幼於八十六年七月自願參與縣府在園輔導計劃，研究者是以輔導教授身份與之接觸。在初次會談中，仁幼兩位教師均強烈表達改變課程與教學現況之心，頗欲效法外縣市教學觀摩中所見之大學習區教學型態（即一班內規劃一個或兩個大學習區，全園呈現數個不同學習區，各班幼兒於學習區時

段打散，自由選擇學習區域）。經研究者實地觀察仁幼教室空間並與二師溝通想法後，遂共同決定以一般性學習區教學型態（即一班內擁有完整的不同學習區域，供幼兒自由探索，如：美勞區、益智區、積木區、圖書區等）為輔導目標。在輔導過程中，二位老師動機與衝勁十足，急於教室內立即展現外顯有形的學習區域（俗稱角落）；研究者則堅信教師之信念為教學行為之根本，若無信念支持，課程革新將淪於操弄「表面課程」（surface curriculum），實質上卻未改變的現象（Bussis, Chittenden & Amarel, 1976），於是希冀強化教師教學信念在先，以收水到渠成之效。為免折減革新興致，遂折衷雙方意願採雙管漸進方式，即一面著手規劃教室學習區域，一面運用各種輔導方案強化教師教學信念，並以一整學期時間為探索試驗期，期盼於下學期初（八十七年二月上旬）能完成學習區空間有形規劃及各項教學準備，正式邁入新的課程與教學型態。本輔導案於四月結案，在輔導者「理念為先、省思居要」輔導策略下，二月底三月初之際仁幼在課程與教學上已向前跨出一步，有些實質變革，但仍受限於教師自身某些根深蒂固信念，以及幼兒家長理念，時而游移不前。三月中旬，觀摩渠幼後，仁幼已決意朝向更開放的課程與教學型態目標前進。

研究資料蒐集與分析

　　在仁幼興沖沖著手空間規劃之初，輔導者兼研究者除建議閱覽學習區規劃相關書籍與錄影帶外，並進行一系列的強化開放教育理念的輔導課程，舉例而言：專書閱讀與討論例如：國內幼兒園課程與教學創新實例相關書籍、幼教理論與課程模式之講授與討論、錄影帶觀賞與討論、遊戲、課程、學習區教學等幼教基本理念相關錄影帶、現場教學實務探討、教學觀摩與討論等。以上各種課程均錄音或記錄成為本

研究所蒐集之基本資料。除此外，研究者亦觀察仁幼全園情境變化與師生教學互動情形，以現場筆記（field note)蒐集相關資料；並深度訪談（in-depth interview)教師對課程變革之心路歷程，錄音資料經轉寫成書面資料；以及蒐集相關文件資料，例如：教案、輔助教材、親師聯絡簿等。以上現場筆記、書面資料、文件資料等經反覆研讀、編碼分析過程，以淬取主題與型式。

研究發現

在仁幼課程與教學創新整個過程中，二位老師所表現之行為，經研究者分析與歸納，具有如下特質：動機熾熱、夙夜匪懈；自信缺缺、訴諸權威；實質改變、愉悅在心；游移兩難、期許突破。

動機熾熱、夙夜匪懈

輔導者兼研究者與二位老師初次會面時（八十六年八月初），即感受到二位老師亟欲改變現況的強烈動機。在會談之前的學期中，兩位老師曾觀摩某市國小附幼（化名元幼），元幼實施大學習區教學，每班教室自成一或二個學習區，給二位老師留下深刻的印象，躍躍欲試，從輔導者詢問其為何欲改變目前課程與教學型態，可以得知二位老師追求成長與革新的動機極大。

> 我覺得以前我剛開始教學的時候，就是傳統式的教學，那我現在的想法是覺得說，常常去參觀以後，常常想說，唉呀！好羨慕那個小朋友哦！每一個小朋友都很有自主性、很自由，他的那個儘量去發揮他自己的長處。所以，我覺得現在的小孩子給我的感覺就是真的是有一種童年，我這樣感覺啦！我覺得說，

小朋友來到我們教室裡面都是老師在（停頓一下）， 聽口令，我，嗯，所以，就是一直想要採用這樣子（劭老師）。

其實，研習來講，我們是真的很喜歡研習啦！我們兩位都是一樣啦！一再研習，我們兩個一定參加的。因為，我們也是想說時代一直在變，那我們也不能說一直在這個傳統，而且，現在的時代不一樣了，每個家長現在的知識越來越高了，所以，我們也不能停留在那個地方，還是要往前走。所以我會想說，多去參觀。剛好有一個機會參觀，我是覺得給我們受益非常的多。所以，這是我們最大的動力在這邊（勞老師）。

我們想要能不能突破這個傳統啦！我想說，不能一直留在這裡了啊！對不對，像她剛剛講說，時代在進步啊！我們不能一直停留在這邊啊！對不對？你停留就是退步了啊！那我們就一直想說，啊，有沒有什麼比較新..而且，這一些角落，我們去參觀那邊，我們真的是實在發現那些小孩子真的玩得很開心，像他們切菜，真的菜，是在那邊切切切，等一下切好了，他們真的就是放下去煮，煮一煮大家又來吃。我說哦！他們在玩得很快樂，我們真的看到他們這樣，那我們回來就一直很想這樣做（劭老師）。

　　二位老師動機強烈有如高速電車，一路快速奔馳、衝勁十足，急於展現具體的空間規劃。時值暑假（八月），勞老師即提出校方尚有部份經費可供幼稚園運用，經討論結果擬於教室中建蓋閣樓，以增加教室空間與學習區域。由於開學在即，輔導者與二位老師遂立即著手設計閣樓，諸如其方位、入口梯處、造型，隨後請人施工，在開學前正好完工。二師又忙著搬動隔櫃以形成各個學習區域，並準備迎接新生等開學事宜。九月十八，輔導者赴園輔導，二師不斷詢問空間規劃合宜否？要如何才會更好。輔導者始終堅信教師內心的信念是課程改革成功的要件，表面虛浮地變換空間，若無開放教育理念支持，學習區域（俗稱角落）將形同虛設，或被視為全班性團體教學之障礙，最後隔櫃又會恢復靠牆而立，僅

存放教具，以多騰出空間。輔導者遂與二師溝通心中顧慮
建議其放慢步調先從理念著手。事實上，二師也道出以往經
驗，驗證輔導者的顧慮。二師以前曾參觀探學習區教學的幼
兒園，也試行過變動教室內部角落，結果還是無法跳脫分組
教學模式，完全做到開放性教學。

> 勞老師：之前我們就是有這樣啊！就是你還沒有來輔導之前，
> 我們也是有圍過（意指圍出角落空間），我們也有這樣過啊！到
> 後來就..
>
> 輔導者：你們有這樣的經驗？
>
> 劭老師：前幾年..有哦！我們本來開始的時候也是嘗試這樣
> 做。後來覺得，ㄟ，這邊檔，這邊檔，就覺得...
>
> 勞老師：因為，我們還沒有這種理念，還沒有看那個書。慢慢
> 覺得..我們好像又走不出去。又換換換，..有出去觀摩也是走
> 不出來。
>
> 劭老師：我一直做到現在，總是感覺好像都是在分組的感覺，
> 還是在分組。還沒有實際上真的讓他們自己選那個角落去玩他
> 自己喜歡的。
>
> 輔導者：為什麼？你自己覺得為什麼？
>
> 劭老師：因為，我們還是..有一點傳統的那個..還是沒有辦法
> 完全能夠開放掉。好像還是在分組，就是說，安排你做這個，
> 安排..有點這樣。

　　二師遂接受輔導者的建議，藉錄影帶、閱讀、討論、觀摩
等方式以強化理念，雙方並約定以一學期時間逐漸呈現教室
中的學習區與試行學習區教學。在轉型過程中，輔導者非常
強調「理念為先、省思居要」，有關教師所關心的教學實務與
學習區域規劃問題，常在輔導討論中，要求二師自行省思與
敘說理由，有意不予解答造成老師相當壓力。二位老師也自

己給自己壓力，常思索到晚上睡不著覺，甚至留宿學校附近，真可謂「夙夜匪懈」。

勞老師：我會一直在想說，ㄟ，怎麼做才會比較好啦！都會去考慮這樣啦！怎麼做才會比較好？就是會去想這些問題。我就是跟她（意指劭老師）講說，...睡不著啦！呵呵，一點多哦！我這個禮拜都沒有回去耶！我都一直在清山耶！

輔導者：在清山？

勞老師：ㄟ啊！因為，我回到家裡會很多事情。所以，我在這裡，我就可以自己弄哦！就覺得..你越做事情，就是越會在想下一步要做什麼，就是會一直想。

輔導者：那你在這一段期間之內哦！就是上學期到現在，你們最常想的問題是什麼？最常想的問題？

勞老師：上學期，我們就是一直在說，唉啊！不曉得要怎樣做會比較好？又一直忙著又要看書，一直好像是很緊張。

劭老師：沒有啦！我們這一次的改變哦！就覺得說，這改變可能給我們的壓力會有一點壓力啦！壓力會有一點那個啦！還好現在已經慢慢恢復過了。

劭老師：因為我們要去看書，要去找到底怎樣來做才好。

　　兩位老師在空間規劃上，求變心切、不斷嘗試、非常努力，常不時更動角落設計：

輔導者：基本上，就是上學期，你比較著重在這個教室空間的改變？

劭老師：對啊！

勞老師：有時候換一下，有時候換一下。常常在換就對了，忙著搬來搬去。

輔導者：那怎麼會搬來搬去？

勞老師：要換啊！

　　：

　　：

劼老師：感覺也好像是蠻吵的啦！可能準備不齊全這樣子。

輔導者：你是看小朋友的反應？

劼老師：對對對！一方面在書裡面，我們也得到一些知識，然後，慢慢嘗試來做。

　　下學期三月中旬，輔導者見仁幼二師在課程與教學上已有一些實質改變，遂安排二師赴某一幼稚園（化名渠幼）觀摩教學。渠幼採行主題式教學，比二師前所觀摩的元幼還要更開放，整個早上從幼兒入園始即讓幼兒在各角落間自由探索，二師均感受其開放性及以幼兒為中心的教學。在回仁幼後第二天，劼老師又忙將教室空間更動，撤掉一些不用的桌子，騰出空間讓幼兒更能探索創作，並且也試著學習渠幼方老師順著幼兒走、以幼兒為中心的開放作法，勞老師則打算二天後的補假日再赴渠幼觀摩，兩位老師均言下一重要目標是打算效法渠幼並與家長溝通觀念。二位老師均非常認真用心，不斷向前邁進。

自信缺缺、訴諸權威

　　仁幼二位老師追求成長與創新的動機強烈，且夙夜匪懈、如火如荼的進行，然而二位老師共通的特質是缺乏自信，常訴諸權威或他人的肯定。在每一次強化信念的輔導課程中，二師均傾向關心目前所遭遇之教學與空間規劃問題，常徵詢輔導者意見，期望輔導者給予明確答案或認可。輔導者採「理念為先、省思居要」的策略，常不正面回答問題代之以反問方式，要求二師藉口語陳述內心所思的自省過程，達到瞭解自己、修正自己或甚而肯定自己的目的。

　　劭老師：像我們各班這樣的角落可不可以？我們兩班這樣可不可以？

　　輔導者：你覺得可不可以呢？

　　劭老師：我覺得..呵呵呵呵！

　　輔導者：哈哈哈哈哈！你覺得可不可以呢？你覺得..你自己覺得可不可以？

　　劭老師：目前是還可以，就是小朋友來講是還可以，活動空間我覺得..目前來講，還可以，但是還是要專家給我們看看，ㄟ，怎麼樣..

　　輔導者：你所謂的「可以」，是什麼意思？

　　劭老師：我現在是感覺說，小孩子現在已經很能夠在他自己的角落裡安靜的做，我覺得是慢慢的在變化。

　　輔導者：他安靜的在做他的事。那小朋友在選擇各學習區的時候情形如何？

劭老師：還好，要我從中幫忙一些。譬如說，今天有一個小朋友在吵架，我也是在觀察中啦！我就用眼睛看一下，他們自己就會解決了。

：

：（劭老師繼續描述她的學習區域規劃情形）

：

邵老師：我不知道好不好？我只是覺得可以運用..

輔導者：所謂角落規劃，你空間的動線流暢，你的動、靜角落要分隔，這些你都做到了嗎？你自己有沒有做到？

劭老師：有

輔導者：對啊！那你還問我這樣做可不可以？哈哈哈哈！

劭老師：對啊！還是要教授幫我們看一下，就是..我想是這樣子的運用，目前來講是說，自己運用的還蠻算好的。

輔導者：對啊！所以，不用問我啊！你知道我的意思嗎？，不要別人肯定你，你要自己肯定自己。

....

劭老師：我想請教教授一下就是說，像我們現在的話哦！像現在很多學校就是，哦！讓孩子拿著自己的名牌，去放在想去的角落去哦！像我今天做的，我是沒有拿名牌啦！就是說，小孩子自己去走，我不曉得要怎樣方式是好，還是不好？還是怎樣？還是說，需不需要這些東西，這樣子。

輔導者：你覺得呢？

劭老師：我前一段時間我有在做啦（意謂讓幼兒拿自己的名牌選擇學習區域）！可是，我覺得是說..我現在目前來講，我覺得不太需要。

輔導者：你為什麼覺得不太需要？

劭老師：因為，我覺得讓小孩子自己去選擇..因為，他現在...

勞老師：我現在是準備要做哦！

劭老師：我已經做過了啊！可是，我覺得效果不是非常的那個好。但是，像今天也是，...我知道他們一桌大概幾個人，他們自己去看、去選角落。如果，他看看這一角落裡面，ㄟ，好像只有四個人，那還可以進來，他還是進來這一邊，他們變成說他們很有自主性，我目前是這樣子做。

輔導者：所以，你覺得你看到小朋友的自主性，他自己選擇，你覺得這一點你非常喜歡？

劭老師：對，想說，不要用名牌這樣子。因為，我覺得名牌給我的感覺好像很麻煩的感覺。不曉得是..因為，我看到很多家幼稚園都在用。那我現在用了之後，感覺很像很麻煩感覺，這是我自己的感覺..

　　勞老師曾為一個嵌在牆上的電視到底要安放在哪兒比較好，詢問輔導者意見，經如同上述般的省思對談過程，勞老師最後選擇了自己的初衷。劭老師的教學經輔導者的觀察，已能讓幼兒自由選擇學習區域，幼兒進入學習區域後並能自由選擇工作內容，但她自己還是沒有信心，常要輔導者評斷，諸如：「我不曉得，我這種的教法，所以，我必須要人家來......」，「我也不曉得這樣對不對？」。正因為缺乏自信心，二師對於一些不合理的事情多能逆來順受、任勞任怨或安於現狀，例如，有私事請假或生病，必先請好代課老師並

學校本位課程與教學創新 95

自己付費。對於這樣的事情，二位老師認為：「我們就是一直這樣啊！」「所以我們不能生病啊！」「可能是經費的關係啦！」。仁大國民小學校長雖掛名園長，但對幼教認識有限，對園務不干涉也不積極支持，完全放任。事實上，勞老師兼幼稚園所有行政工作，處理公文往來、採購教材、採買幼兒點心、作（結）帳、對外聯繫開會等，非常忙碌。而劭老師兼仁大國民小學出納工作，核發薪資、跑銀行、與廠商金錢往來、作（結）帳等，常常耗掉整個下午的時間，甚或早上時間。二位老師常把教學工作，甚或做不完的行政工作帶回家做，影響作息。如同劭老師所言：「所以，有時候睡覺還想說，明天要上什麼課啊？要準備什麼東西？有時候臨時……就是睡不著。忙啊！」（註：幼稚園不同於小學，課程與教學內容要自行設計，無教科書），雖然如此忙碌，二師也沒有抱怨，儘量去調適，劭老師還解釋是因為小學沒有人會作帳所以才會找她兼出納工作。

實質改變、愉悅在心

　　二位老師在創新過程中均有一些具體可見的改變，最明顯的就是有形的學習區域已經在教室中呈現出來，和輔導之前明顯不同。輔導前，二師亦曾試過學習區教學型態，在教室中區隔出有形的學習區域，但屢限於理念未能做到讓幼兒自由探索，結果又把角落區隔打破，讓隔櫃靠邊而立，回復團體或分組教學。

> 劭老師：以前我們都是把..像這個櫃子，我們就把它弄到邊邊。孩子空間更大，那我們就是說一大桌一組，一大桌一組。就是又分成三大桌，就這樣子。大概就是三大桌左右（三組），這樣子。那娃娃家就是..需要才去玩。

> 勞老師：以前的分組沒有這些活的櫃子，常常就是整個桌子排

排排排..這樣子。其實，我們的櫃子就是全部在旁邊了，櫃子四周圍，中間比較大。

輔導者：然後，桌子成三大組，小朋友在分組時間就是去各桌。所以，基本上就是..

劭老師：感覺很擠，那時候更擠（意指曾在教室中有形分隔學習區域）。你看就是說，像那個積木角放在那一邊，娃娃角放那一邊，小朋友空間就更窄。所以，我們不得不把櫃子放在旁邊（意指不作有形分隔）。然後，小朋友就會比較大（意指有較大空間）。

勞老師：那時候就是分組，就是我們講的就是分組嘛！你這一組做什麼？也跟他設定說，你這一組做什麼，你這一組做什麼。

　　輔導一學期後，在二月底，整個教室呈現數個學習區域，如（圖5-1）所示：

　　在教學上，二位老師也有一些實質變化，經過一學期的信念強化與試行後，在下學期初（二月底，三月初之際），輔導者從教學觀察中發現二位教師在團體活動後的學習區時間，已能做到讓孩子自由選擇想要去的學習區域，幼兒進入學習區域後，老師大致上也容許其自由選擇所要進行的工作（遊戲）內容，這些亦由二師自剖而證實。

輔導者：你覺得這一學期走下來，你教學上跟以前有什麼不同？

勞老師：不同，以前是我們講的啊！分組的時候，我們比較會跟他講說，好，你去這裡，好，你去那裡。

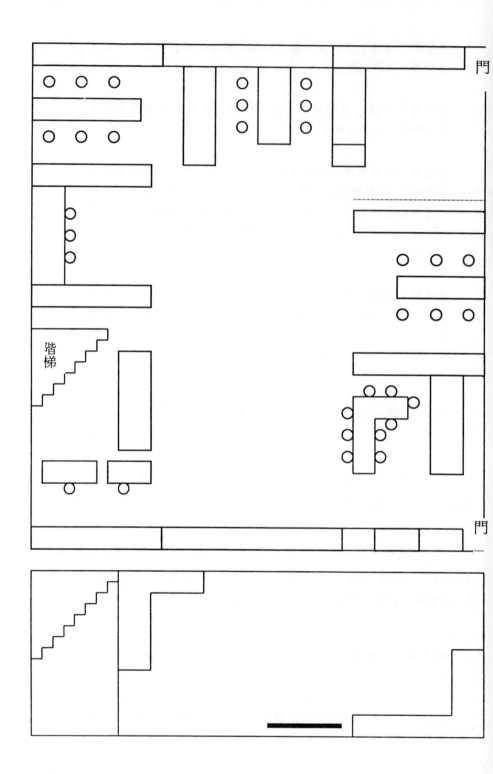

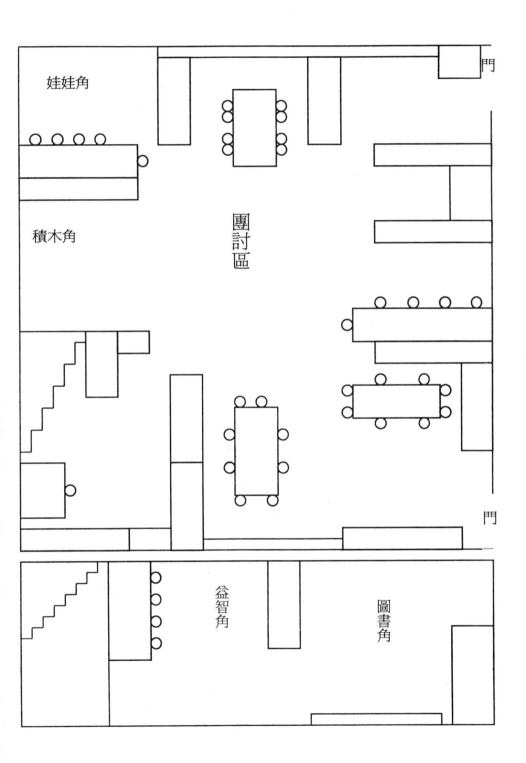

娃娃角

積木角

團討區

門

門

益智角

圖書角

輔導者：那，小朋友在指定的各組做什麼呢？

勞老師：以前比較會設定啊！那現在就是說，讓他自由啊！今天他們在角落裡，有人有剪的啊！有人有畫的啊！以前就全部畫。

劭老師：以前我們有一個格式，有一個格式這樣子，他們會按照我們定的格式這樣做。現在不是，現在就是說，我們會在角落裡放一些東西，我們團體討論完了，讓他們自己去選擇探索，然後....慢慢也在開放啦！

輔導者：慢慢在開放中。

劭老師：現在他們自己（指幼兒）會走動了（意指走動選擇角落）。這裡滿了（意指學習區容納的幼兒數），沒關係，我到那一邊去，小孩子就是比較自主。

輔導者：比較自主？

劭老師：我就是儘量說，就是採比較開放式的哦！就是說，不像是以前說，都老師在講，我都讓孩子自由的去那個，像說討論完了以後，小孩子自由去發揮，我已經慢慢在放了啊！不像以前都是控制在自己的手上。那小孩子回來（意指學習時段後）以後就會跟老師一起分享。所以不管是環境方面！教學方面！我覺得還是蠻大（意指與輔導前比較有很大的不同）。

　　二位老師在實行學習區教學後，整體的感覺是老師的角色反而比較輕鬆：

劭老師：我現在把角落分出來之後，我感覺說，我一個人比較輕鬆一點點，因為學生好像是慢慢進入軌道了。我們做老師的比較輕鬆一點點。

輔導者：就是學生上軌道，那你輕鬆一點..

劭老師：對對，他自己可以在他的角落裡面做，我就比較不用一直在那一邊講啊！可以在旁邊陪他們玩一玩啊！這樣子。

：

：

：

劭老師：那現在他們不是，他們自由的自行去拿（意指拿教具、教材），他們會養成說，ㄟ，我會擺回去。以前都是老師一個人..哦！忙進忙出的，這樣子。

輔導者：忙進忙出。

勞老師：因為，那個分組的就是說，那這一組要畫圖，當然我就要發蠟筆給你啊！發什麼給你啊！等一下畫好我就要收回去。

劭老師：現在我就是有彩色筆，也有蠟筆，還有其他，隨便你自己去選擇。你用好，你自己放回去。

除了覺得教學較輕鬆外，二位老師對於自己在過去幾年中曾屢試改變而無功，今有明顯的變革與創新，均感到極為快樂。

劭老師：心理上覺得很快樂啦哦！以前感覺這個教室不曉得要怎樣？現在感覺就是，ㄟ，..現在我常常來到教室裡，我常常會笑。

輔導者：會笑，笑什麼？

劭老師：感覺很舒服了。

勞老師：很快樂了。

劭老師：有改變了啦！感覺還有..就是一種成長。覺得好像有踏出來..以前好像是曚曚懂懂，這樣子。

走變至今，二師終能明瞭輔導者強調理念、省思與信心之苦心了，也更加肯定改變與創新的決心了。

輔導者：剛開始你們的理念比較是主導性教學，我擔心沒理念空有有形角落，你會覺得這些角落區隔很麻煩，又會把它推回教室四周。所以，我要你們放慢腳步，從強化理念著手。你們現在覺得怎樣？

劭老師：所以，我剛剛就是講說，輔導以前走來走去還是感覺在分組。就是一直走不出來，這樣子（意即無法突破）。

勞老師：所以，有時候，又是換換換換回去啊！有一陣子我們就是這樣。

輔導者：把什麼換回去？

劭老師：櫃子又放回去..不要角落（意指櫃子推回教室四邊）。

輔導者：所以，我講的沒錯嘛哦！如果...

勞老師：對，所以，你這麼一講，我們以前就是這樣。

輔導者：所以，理念真的是比較重要啦！要放慢腳步..

勞老師：現在不會換回去了啦！哈哈哈

劭老師：現在很有自信了。

游移兩難、期許突破

　　仁幼二位老師在整個過程中確實向前跨進了一大步，無論在環境規劃或教學上均有一些實質的改變。然而，教師有些根深蒂固的信念並非短期就能改變的，因而常在開放與主導之間游移。例如：在意每一個小朋友都能帶作品回家給父母看，於是忽略了幼兒的意願，讓幼兒輪流到美勞角，又走回分組教學模式，而非自由探索。又如：非常在意教室的整齊與別人的眼光，於是限制幼兒集中在一個定點剪、撕，不要分散在各角落，並於收拾後方能創作；或是幼兒搭建或創造的作品（例如：積木造型）當天就要拆卸收拾，以維持整潔，致使第二天無法再延伸。此外，在意安靜學習，對於開放所帶來的聲量較無法接受，自覺可能是年紀大些所致，需要一段時間突破。

　　讓仁幼二師兩難的原因，除自己的信念有些仍游移於開放與主導之間外，最主要的因素是來自於家長的期望，家長希望讀、寫、算的教學。

　　就變成..還是沒有辦法完全走到那種開放的那種角落。真的..因為，我們還在趕這些課程啊！坊間的課程啊！還要寫啊！對不對？像我們下學期我們現在又有注音符號，要加一些數學的那個本子，有要讓他們去寫啊！所以，我發現說，他們（意指幼兒）走下去的時候，真的有時候真的很入神的，就好像..啊！玩得很好，你知道嘛！但是，我又不能讓他這樣一直這樣，讓他很快樂的一直下去。我現在覺得有一點困擾就是說，好像我們做..處在這個兩難之間啦！如果真的讓他開放是很好，對不對？但是一方面要應付家長，還是要有一些東西啊！（意指要教坊間讀、寫、算教材）所以，變成說，好，頂多給你一節課就已經很多了，你知道嘛？40分鐘（意指40分鐘的角落探索時間）而已。（勞老師）

每一次哦！我們出去參觀，就一直想說要跟著走，我們也來做做看，但是後來又是趕快回頭走，要趕快給家長看到什麼，就是又教很多。（劭老師）

下學期開學初（二月中），輔導者觀察二師教學時，發現園方新用了一套原有讀、寫、算教材以外的美勞教材。輔導者非常訝異的是：二師一再表明想要開放與創新，但礙於家長讀、寫、算要求，面臨兩難之境；既然家長又沒對美勞領域特別要求，而且事實上美勞活動是最容易讓幼兒自由創造，最容易開放的，而且又可以有作品帶回家給父母看，為什麼自己反走回頭路，讓幼兒作半成品的教材，限制創造思考力呢？二師的解釋是因為縣府的研習曾辦此套教材的說明會，所以就買了；第二個原因是家長希望看到「精美」的成品，對幼兒捏塑或創造的作品比較沒興趣；第三個原因是想慢慢引導幼兒，下學期就不會採用了。這充分說明了前述嚴重缺乏自信、訴諸權威（例如：縣府）的心態，以及太遷就家長，而失掉自己理念的情形。這種游移不決，時而堅定向前、時而猶豫退縮，是在整個過程中不斷出現的。堅定時如下：

輔導者：目前你最大的期望是什麼？

勞老師：我最大的期望，當然能夠角落一直走，走的成功啊！

輔導者：那成功的定義是什麼？

勞老師：你介紹的那本書，走開放的＊＊幼稚園，對不對？你看那一本就知道他這樣做很成功。

輔導者：你自己成功的定義是什麼？你覺得怎麼樣才算成功？我想知道你成功的意思是什麼？

勞老師：我覺得說小孩子能夠說，我來上課，我（意指幼兒）每天都是很快樂....，我要讓他很德、智、體、群、美，全部都是很均衡的這樣發展啊！那你說，像我們現在還是有給他們（意指教讀、寫、算），那小孩子不一定很快樂啊！我覺得說，他這種童年，不是很長的時間，對不對？那我們也看過那麼多書，我們也知道了，對不對？為什麼不給他一個很快樂的童年，讓他覺得說，哇！我在幼稚園多好哦！對不對？那不是這樣就很成功了？

....

輔導者：看過渠幼後，你的感覺是怎麼樣？

邵老師：我感覺好像比較有一個目標了。

輔導者：比較有一個目標

劭老師：開放教育比較有一個目標了，現在，就是我的想法就是說，嘗試來做做看。這一次去看哦！好像突然間、忽然間被點醒的感覺。

　　　　：

　　　　：

　　　　：

輔導者：那你這次看過渠幼後，你說你被點醒，那你打算怎麼做？你想要怎麼做？你準備怎麼走下一步？

劭老師：我是想說，盡量不要用坊間教材啦！下學期想說哦！不要以坊間的為主。我想由孩子自己來走（意指以幼兒為中心）。

輔導者：哦！下學期你打算不要用＊＊出版社的那些教材？

劼老師：對，希望就不要用了，看看，我也想說看一些人家的那個什麼....像台北他們都是自己在寫嗎（意指編教案）！就是蒐集一些資料啊！就是看一下，參考一下，這樣子。

輔導者：這樣子哦！

劼老師：我覺得這個樣子哦！這一次哦！以前......要走就走不出來，像昨天回來後（意指觀摩渠幼），哇！心胸好像特別的開朗耶！真的很幸運啦！我一直突破不出來，我現在可能會慢慢走出來，有一個目標了，我該走的，我還是要走我自己的路，堅持我自己的，看看啦！

三月中旬，本輔導案進入尾聲（四月結案），在參觀完渠幼後，劼老師做如上表願，想突破現狀，而勞老師很羨慕渠幼的幼兒很快樂，整個早上都在角落自由探索，以及教室中充滿各種豐富的材料讓幼兒創作，她的觀感是：

我的想法是說，我們可以慢慢地跟啦！可能一下子也不太可能像他說這樣開放啦！可能一方面家長有時後也是要跟他們溝通啊！跟他們談啦！一方面，我也是覺得說，電視哦！那種報導啦！應該要多一點這樣哦！家長可能比較不會一直注重在那邊要寫字，要做什麼的啦！可能也要開那個家長座談會哦！我是覺得說，真的有這樣需要。

在問及對此次課程創新整體感想時，兩位老師期望自己能有時間用心在教學上，不再負擔多餘的行政工作。

現在我來講的話哦！我當然是很希望說，再多一點時間給我。就是說我剛講說，我現在只有回家睡覺前才能準備明天的工作。那如果說，下午時間我如果不要辦行政的話，我們在學校裡面可以辦好幼稚園的事情，準備我們的材料。可能，我會時

間更充裕。這是我唯一的想法啦！（劭老師）

研究啓示與建議

研究啓示

仁幼課程與教學創新的實例，其實即爲兩位教師追求專業成長的歷程，本輔導案（研究案）不僅涉及課程變革亦涉及教師成長，因此，吾人由「教師專業成長」與「學校課程改革」二方面分別剖析仁幼個案經驗的意涵或啓示。

◎教師專業成長

在仁幼課程改革過程中，二位教師流露動機熾熱、夙夜匪懈，自信缺缺、訴諸權威，實質改變、愉悅在心，及游移兩難、期許突破等行爲特質，使吾人對幼兒教師專業成長有如下理解與啓示：

專業成長乃爲終生歷程：專業成長是一個持續不斷的過程，終生學習（life-long learning)是必要的、是時代的趨勢。本研究二位教師，一位已屆花甲之齡，一位約近五十，爲期與時代同步，盼求成長與創新，在課程與教學轉型過程中，雖困於繁重的行政工作仍日以繼夜，反覆不斷地閱讀、討論、思考、嘗試、修正。足以顯示，教師專業成長是一個終身持續的歷程，不受年齡限制的。

專業成長繫於內在動機：個人內在動機是教師專業成長得以持續之重大因素。仁幼二位教師若非有內在強烈動機，在外在繁重的行政壓力以及在「理念爲先、省思居要」輔導策略所造成的「無藥方」焦慮狀態下，勢必放棄課程變革初衷，專業成長也必定輟斷。故而，教師內在動機是驅動與持續專業成長之力，且內在驅動力勝於外在的誘因或逼迫。

專業成長階段不隨年齡晉升： 研究指出教師之年資與所屆專業成長階段非成正比，有些教師可能服務多年，仍停滯於專業成長的最初幾個階段中(Spodek, 1995, Unruh & Turner, 1970；饒見維，民85）。本研究兩位教師雖具有相當高的年資，但在專業發展階段上，尚未臻最高層次的「專業階段」或「成熟階段」，仍須努力，實呼應研究所指。

專業成長重要內涵為自信心： 有關教師專業發展的內涵，學者所議不外乎：一般知能、專業精神、專業知能等，對於幼兒教師，尤其是本研究中的二位幼兒教師，更需要的可能是自信心的建立。也許幼兒教師是教師層次中的最低層，也許是受社會價值觀的影響，依據研究者的輔導經驗，許多幼兒教師均顯露缺乏自信、訴諸權威的特質。吾人以為：世上無一最佳課程模式或教學方法（策略）存在，課程改革或創新均需依賴教師自身參酌學校與教室中的情境、生態文化，學生特質，以及個人信念，作一合宜的判斷與決定。換言之，教師不僅是個學習者，同時也應是個研究者（歐用生，民84；Schon, 1987；Elliott, 1990），對課程與教學應內求諸己、付諸行動研究，缺乏自信、依賴權威無異是專業成長的一大阻力。因此，如何於提昇教師專業知能之同時，也能建立其自信心是幼兒教師專業成長的重要課題。

專業成長重要方式是省思： 教師應對自己的經驗、理念、實務常加檢討、自我省思，「反省性思考」近年來已成為師資培育職前與在職進修方案的寶典（Duff, Brown & Vanscoy, 1995；Schon, 1987；谷瑞勉，民86；師大附幼，民85；劉玉燕，民86)。在仁幼課程轉型過程中，輔導者以反問對談方式提供大量省思機會，取代立即解答方式，促使二師省思、修正與統整自己的思考，助其脫離依賴權威習性。也正因如此，二師得以釐清思考、養成省思習慣、建立信心，讓自己

更上一層樓，也讓課程改革產生契機並得以持續，實驗證省思乃專業之得以成長之關鍵大鑰。誠如劉玉燕（民86）指出：在佳美幼稚園發展經驗中，教師從自身所面臨的教學情境出發，在實踐過程中不斷反省、修正的教學討論方式，遠勝於其他方式的專業成長。

◎學校課程改革

仁幼個案經驗顯示：教師成長是課程創新之先決要件與持恆動力；有許多架構因素確實會對課程實施發揮相當程度的影響，甚而形成限制。就「個人架構」而言，教師的信念對課程變革走向有關鍵性的決定力；就「組織架構」而言，學校的組織、制度或工作情勢，例如：工作分派、不合理規定，對課程改革有負面影響；就「文化架構」而言，社區家長理念及社會巨型文化----尚智取向、升學觀使幼稚園面臨兩難、游移不前，難以突破。撫諸以上架構，不外乎「信念因素」與「組織因素」二大層面。茲分別陳述如下：

教師成長是課程創新之先決條件：仁幼個案經驗不僅涉及課程創新，亦涉及二位教師追求成長的經驗歷程；仁幼若非在二位老師追求成長的強烈動機與鍥而不捨精神驅動下，其走出團體與分組教學型態是不可能的，充分驗證了Fullan(1992)所言：教師成長是學校課程革新的關鍵，以及Elliott（1993）所言，沒有教師發展，就沒有課程發展。黃政傑（民74）亦謂：就課程改革的觀點而言，教師是課程改革的重心，課程發展與教師自我的專業成長是無法分割的。簡言之，教師成長是學校課程改革的先決條件，也是課程創新得以實現的動力。

教師信念是課程變革之成敗關鍵：研究顯示教師信念若與課程改革理念不符，會產生「表面課程」與「訴諸內在」

等課程怪象，仁幼經驗充分說明了教師信念會決定課程變革的走向，是課程改革之所以成敗之關鍵要素。在八十六年八月前仁幼屢試角落教學，在過程中專注於操弄表面外顯的學習空間，結果均因信念無法配合而失敗，在教學上又恢復原有團體與分組教學模式。輔導者接案後之輔導策略強調「信念為先、省思居要」，並不急於展現外顯的學習區域。初始二師對於輔導者所介紹閱讀的二本專書－＊＊幼稚園的課程革新實例，一直自認不可能也做不到那樣的教學境界。經過一學期的理念強化課程，教師有些信念仍是根深蒂固、難以輕易改變的，諸如對整潔、安靜的要求，因而其教學不斷地游移在主導與開放之間。整體而言，雖已跨出一大步，在教學與環境規劃上均有實質改變，但仍受限理念，跨不出家長的那一大步。到下學期觀摩一個實施類似專書所載課程的渠園後，二師終於有開竅的感覺，希冀以此為下一目標，走上更開放的教學型態。整個過程顯示，任何改革最主要障礙是教師內在根深蒂固的信念（Romberg, 1988），教師信念確實決定了課程變革之走向。故而，任何教育政策之推動或新課程之實施，若欲成功，必先瞭解真正執行教育歷程之教師之信念（Brousseau, Book & Byers, 1988）。

　　組織因素是課程改革之落實要件：研究指出：教師個人所持信念與其學校工作情勢共同決定教學實務（Grant & Sleeter, 1985)，仁幼經驗充分驗證：教師信念是課程改革之成敗關鍵，而整個學校的組織、制度因素是推動與落實課程改革的要件。仁幼附屬國民小學，校長是園長，二位老師則各教一班，事實上所有園務由其中一位教師處理，另一位教師亦兼繁重的行政職務，甚至需要將行政工作帶回家，無法專心於教學。再加上制度不合理，請事假與病假要自己出資且覓好代課老師，方得准假。在工作繁重、請假休息不易的的情況下，如何能專心於課程與教學的革新？課程改革若不能連帶

改革學校結構，理想將難以實現（歐用生，民84）。仁幼二位教師自我成長動機強烈、努力不懈，不在乎影響作息，但終究不是長久之計。Clift（1995）指出：時間即為阻礙持續性專業成長的組織層面要素，因為幼師成天面對幼兒，無法一刻鬆懈，時間有限；在仁幼的例子，清楚說明了時間是阻礙課程革新的組織層面要素，不合理的組織制度剝奪了教師的時間與精力，如何能專心從事專業成長與課程革新呢？無怪乎二師衷心期盼能有充裕時間專心從事課程與教學事務。

家長觀念是課程革新之中介力量：仁幼經驗亦說明家長理念對學校課程創新有舉足輕重的力量，家長的期望深讓二師游移與裹足。在觀摩渠幼教學後，二師發現渠幼無使用任何坊間讀寫算教材，且家長非常認同於教師的教學與信念，激發其教育家長的想法。的確，水能載舟、亦能覆舟，家長觀念是課程革新的中介力量，教育家長、溝通理念是學校課程革新刻不容緩之務。

研究建議

綜而言之，仁幼課程變革個案經驗顯示：教師專業成長是課程變革之法門，而省思則為專業成長之大鑰。仁幼教師專業成長呈現內在驅動、終生歷程之特性，亟待強化內涵則為自信心之建立。而仁幼經驗亦充分說明教師個人信念與教師所服務學校之組織因素，對學校課程改革形成「架構」性影響。根據以上結論，本研究作如下建議：

◎加強幼師成長，激發課程革新需求

教師專業成長是學校課程創新之先決條件，也是課程變革得以持恆與實現的要因。園方或教育有關當局在推動課程改革時，必先考慮由促進教師專業成長著手，當全園教師在專業上均有成長，離創新之境勢必不遠。至於促進教師專業成

長的方式甚多，諸如：專書閱讀、教學觀摩、實務探討、撰寫省思日誌等。

◎培養省思能力，促進專業成長成效

省思能力是教師專業成長的關鍵，具有省思能力的教師必能不斷省思、改進自己的教學，並能持續吸收新知、彌補自己不足。至於促進教師省思能力的方式良多，諸如本研究中的省思（反問）對談方式，或撰寫省思札記、行動研究、撰寫成長史等。職前與在職進修應儘量採行省思建構方式，避免灌輸、填塞，俾使教師能從傳統「教學」、「權威」角色中釋放出來，並能在現實與理念間有一些堅持（周淑惠，民85）。

◎激發內在動機，持續專業成長活動

活到老、學到老，終生學習是社會的趨勢，教師自身必須有此認識。此外，師資培育機構、教育有關當局或幼稚園園方在規劃幼師專業成長活動時，必先設法點燃幼師內在成長動機，成為驅動專業成長之力，取代外在積分、點數、或獎懲方式。

◎鼓舞內在自信，充實專業成長內涵

有自信之教師必不致處處依賴權威或他人肯定，必能從事行動研究走出自己的教學風格。缺乏自信、依賴權威是專業成長的一大阻力，本案中仁幼若一直缺乏自信、依賴輔導者，有朝一日輔導者離開後，必會失掉方向。因此，各種輔導案、職前與在職進修課程中，首應鼓舞與建立幼兒教師之自信心，以此為幼師專業成長之重要內涵。

◎強化幼師信念，促進園方課程改革實現

教師信念影響教學行為深鉅（周淑惠，民85），決定了課程之走向，是課程改革成敗的關鍵。有關當局或幼稚園園方

在推動課程改革時，應著眼於強化教師理念，以免造成「表面課程」、「訴諸內在」、或「游移兩難」現象，或甚而抗拒變革。至於強化教師信念，吾人以為無論是在職或職前課程，首應著重於培養反省性思考能力。

◎檢討組織制度，提昇園方專業成長層次

仁幼全園兩班、二位教師，除教學外又兼國小行政與幼稚園園務，加上不合理的請假制度，剝奪教師時間與精力，影響課程革新的推展；教師專業成長了，組織制度卻未能配合，因而國民小學附設幼稚園課程改革若欲奏效，除幼兒教師專業必須成長外，應擴及至整個小學組織、制度全面性地發展。簡言之，吾人論及教師之專業發展，可能同時也要考量「幼稚園專業發展」（簡楚瑛、林麗卿，民86），二者齊驅並駕，課程改革方得實現。建議之道乃採「組織發展」（Organizational Development，簡稱 OD）技術，對幼稚園或整個學校之制度、組織加以全面檢討、改良並發展。而所謂組織發展，是近年來熱門的話題，尤其是工商界（柯良旺，民84；王承先，民84），乃指運用特殊行政、方案與技術，以維持、更新與改變組織制度與人際關係，其目的在增進組織效能（吳定，民85）。

◎實施親職教育，落實園方課程改革理想

家長對幼兒教育認識不清，導致教師深受影響裹足於創新之前，如何針對家長予以再教育與理念的宣導是刻不容緩之務。實施親職教育除由教師、園方共同努力，或聘請專家演講外，政府與社會亦應挑起責任。建議有關當局可舉辦類似「幼兒年」活動，透過這一系列精心策劃的全國性或社區性活動，或利用深入每個家庭的電視媒體，大肆宣導「全人發展」幼教理念。此外，教育有關當局破除文憑主義、升學主義的教改措施或活動亦應相繼全面配合。

中文參考書目

◎王承先。《國民小學組織發展狀況及其策略與方案之研究》，國立台北師 院初等教育所碩士論文，民國八十四年。

◎古瑞勉。〈一個幼兒教師在職進修課程的實驗與省思〉。《屏東師院學報》第十期，民國八十六年。

◎古瑞勉、張麗芬、陳淑敏。《幼兒教師專業成長課程研究》，屏東師院幼教系，教育部顧問室委託，民國八十五年。

◎周淑惠。《幼兒教師之教學信念與行為研究》。國科會專題研究計劃 NSC84-2411-H134-005，民國八十五年。

◎吳定。《組織發展理論與技術》。天一圖書公司，民國八十五年。

◎柯良旺。《組織發展技術之實施現況與個案探討》，國立清華大學工業工 程所碩士論文，民國八十四年。

◎高強華。《教師專業化面面觀》。台灣教育，頁496，民國八十一年。

◎陳添球。《國民小學教師教學自主性的研究－－所國民小學教學生活世界的探討》，東吳大學社會研究所碩士論文，民國七十八年。

◎黃政傑。《課程改革的理念與實踐》。漢文書店，民國八十六年。

◎劉玉燕。〈佳美幼稚園開放教育的發展歷程〉。載於黃政傑編《開放教育的 理念與實踐》，漢文書店，民國八十六年。

◎台灣師大附幼。《成長的足跡》。台北：光佑，民國八十五年。

◎歐用生。《教師專業成長與學習》。國教研習會，民國八十四年。

◎簡楚瑛、林麗卿。《從課程轉型過程看教育改革落實在幼

稚園學校系統層面上之相關因素》，國科會教育革新整合型
研究計劃成果分析研討會，民國八十六年。

◎饒見維。《教師專業發展－理論與實務》。五南，民國八十
五年。

英文參考書目

◎Brousseau, B.A., Book, C., & Byers, J.L. (1988). Teacher
beliefs andthe cultures of teaching. *Journal of Teacher
Education, November- December*, 33-39.

◎Burden, P.R. (1990). Teacher development. In W.R. Houston
(Ed.) *Handbook of research on teacher education*. New York:
Macmillan.

◎Burke, P.J. (1987). *Teacher development*. New York: The Falmer
Press.

◎Bussis, A.M., Chittenden, E.A., & Amarel M. (1976). *Beyond
surface curriculum: an interview study of teachers'
understandings*. Boulder, CO; Westview Press.

◎Clift, R.T. (1995). *The importance of organizational support for
continuing professional development*. Paper presented at the
Sino-American Symposium on Early Childhood Education.
Taipei: National Taipei Teachers college.

◎Darling-Hammond L. & Wise, A. (1985). Beyond
standardization: state standards and school improvement. *The
Elementary School Journal*, 85, 317-336.

◎Duff, R.E., Brown, M.H., & Vanscoy, I.J. (1995). Reflection
and self evaluation: keys to professional development. *Young
Children*, May, 81-88.

◎Elliott, J. (1993). *Action research for educational change*.

Buckingham: Open University Press.

◎Elliott, J. (1990). Teachers as researchers: implications for supervision and for teacher education. *Teaching and Teacher Education*, 6(1). pp.280-98.

◎Fullan, M. (1992). *Successful school improvement*. Buckingham: Open University Press.

◎Gracey, H.L. (1972). *Curriculum or carftsmanship: elementary school teachers in a bureaucratic system*. Chicago: The University of Chiago press.

◎Grant, C.A. & Sleeter, C.E. (1985). Who determines teacher work: the teacher, the organization, or both? *Teaching & Teacher Education*, 1(3), 209-220.

◎Gregore, A.F. (1973) Development plans for profession growth. *NASSP Bulletin*, 57, 1-8.

◎Holly, M.L.H. (1989). Teacher professional development: perceptions and practices in the USA and England. In M.L. Holly & C.S. McLoughlin(Eds.), *Perspectives on the teacher profession development*. New York: The Falmer Press.

◎Jackson, P. (1968). *Life in classroom*. New York: Holt, Rinehart & Winston.

◎Katz, L.G. (1972). Development stage of preschool teachers. *Elementary school Journal*, 73(1), 50-54.

◎Kounin, T.S. (1977). *Discipline and group management in classrooms*. New York: Robert E. Krieger.

◎Lortie, D.C. (1975). *School teacher: a sociological study*. Chicago: The University of Chicago Press.

◎McDonald, F.J. (1982). *A theory of the professional development of teachers*. Paper presenred at the meeting of the American Educational Research Association, New York.

◎McNeil, L.M. (1986). *Contradictions of control: school structure and knowledge*. New York: Methuen/Routledge & Kegan Pual.

◎McNeil, L.M. (1988). Contradictions of control, part 1: administrators and teachers. *Phi Delta Kappan*, 69(5), 333-339.

◎Metz, M. (1978). *Classrooms and Corridors*. Berkeley, CA: University of California Press.

◎Munby, H. (1983). *A qualitative study of teachers' beliefs and principles*. Paper presented at the annual meeting of the American Educational Research Association, Montreal, Canada. (ERIC Document Peproduction Service No. ED 228 215).

◎Munby, H. (1984). *A qualitative approach to the study of teachers' beliefs*. Paper published by National Association for Research in Science Teaching, John Wiley & Son, Inc.

◎National Association for the Education of Young Children (1994). NAEYC Position Statement: A conceptual framaework for early childhood professional assessment (adopted November, 1993). *Young Children*, 49(3), 68-77.

◎Olson, J. (1981). Teacher influence in the classroom: a context for understanding curriculum translation. *Instruction Science*, 10, 259-275.

◎Olson, J. (1982). Dilemmas of inquiry teaching: how teachers cope. In J. Olson (Ed.), *Innovation in the science curriculum: classroom knowledge and curriculum change*. New York: Nichols Publishing Company. (ERIC Document Peproduction Service No. ED 228 904).

◎Porter, A. (1989). A curriculum out of balance: the case of elementary school mathematics. *Educational Researcher*, 18(5), 9-15.

◎Romberg, T.A. (1988a). *Change in school mathematics: curricular changes, instructional changes, and indicators of change*. New Brunswick, N.J.: Eagleton Institute of Politics, the State University of New Jersey. (ERIC Document Peproduction Service No. ED 300 278).

◎Sarason, S.B. (1982). *The culture of the school and the problem of change*. Boston, Mass.: Allyn and Bacon.

◎Schon, D.A. (1987). *Educating the reflective practitioner*. San Francisco: Jossey-Bass.

陸 國小教師的知識對其發展知覺課程之影響

◇研究動機與背景
◇研究方法
◇研究結果分析
◇結論與建議
◇中文參考書目
◇英文參考書目

鄭明長

研究動機與背景

近年來，國內各界對於教育改革投入相當心力，莫不希望藉由教育改革提昇國內教育品質。然而，所有教育改革的實現，都必須要經由課程與教學的變革，落實到教室之中，影響學生知識技能、價值觀念和行爲模式，才不至於幻化爲烏托邦。

睽諸過去課程改革的經驗，我們可以發現：課程改革不論在組織、人員或是經費設備方面而言，都存在許多阻力。因爲，課程改革是一個非常複雜的歷程，它包含實然和應然、觀念系統、策略系統和支援系統，它受到社會大眾、行政機關、學校、教師和學生等因素的影響。這些因素和系統彼此互動轉變，組成一個整體的架構。吾人可以針對課程目標和內容的選擇組織與評鑑，將課程的探討分爲「實然」和「應然」兩個部份(Goodlad 等人1979，見於黃政傑， 民78)。由於對預定的課程所採取的觀察的角度不同，因此，某一層次建立的課程不一定即爲執行時課程，這也是課程改革和課程執行之所以分歧的 理由。基於此，Goodlad 區分了五種課程：

1. 理想的課程 (ideal curriculum)：是課程設計者（政府、基金會利益 團體或個人等）對課程所抱持的觀點，它是理想的或可作爲模範的。
2. 正式的課程 (formal curriculum)：是經過教育行政機關同意，藉選擇或命令的方式，由學校或教師採用者。
3. 知覺的課程 (perceived curriculum)：是教師或家長心中所知覺到的課程。
4. 運作的課程 (operational curriculum)：在教室和學校中實際發生的 課程。

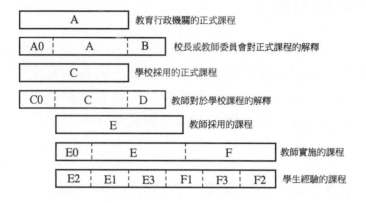

圖6-1 正式課程的轉化 （採自Brophy, 1982）

5.經驗的課程(experiential curriculum)： 學生所經驗到的實
　際課程。

　　這五種課程轉換層次之間並非嚴格地由上而下進行影響，
而是存 在著彼此間相互影響，而且不限相鄰層次間的影響，
相隔的層次也會 進行相互影響。

　　Brophy (1982) 以下（ 圖6-1）來表示課程的轉化過程，由
圖中可以看出 課程轉化的差距有多大。首先，教育行政機關
決定正式課程A ，學校校長或教師組成的委員會將此正式課
程引入學校時，可能會去除了A0而且加上了B，結果學校採
用的課程是C，並不完全等於A。接著，每位教師又以其知
識信念進一步對學校所採用的課程加以解釋，他可能去掉了
C0，而加上了D，其所採用的課程成為E。但是教師所採用
的課程E，並未完全實施，因為他可能受到時間限制或教室
互動的情形而排除了E0，並因學養不足或疏忽，而歪曲或教
錯了一部份（ F）。最後，教師施教的課程，並未完全被學生

學到，學生可能因爲教師教得太快或教得含糊，而遺失了一部份（E2、F2)，他也可能因爲自己的先存知識或信念，而扭曲或誤解了另一部份（E3、F3），到最後學生所實際學到教師所教的只是E1和F1而已和教育行政機關的正式課程A比較，已經有相當的差異。

　　同時教師在課程採用上，除了必須面臨如學區的課程目標、測驗內容、新教科書的採用、校長的壓力、其它教師的壓力、家長的壓力等外來壓力外，教師自己的知識和信念，對於班級學生個別差異的考量，也會影響其對教材的選擇。因此實際教導給學生的內容，似乎是教師在官方正式課程與學生需要間妥協的結果。

　　這種由教師針對學生需要，而採用的知覺課程與正式課程之間的改變，大多是教師深思熟慮後所做決定的結果，是教師以其相關知識和所感受到的學生需要作爲依據。因此教師所具備的知識對其知覺課程的建構有很大的影響力。

　　Shulman (1987) 曾認爲教師必須具備下列幾種知識，才足以勝任教學工作：學科知識、教育學知識、課程知識、學科教學知識；對學生與其特質的知識；對教育環境的知識、對教育目的與價值及其哲學與歷史淵源的知識。上述知識中，學科教學知識可以說是區分學科專家與優良教師知識的主要依據(Grossman, 1990；Shulman, 1987)，它是將內容與教育學知識作特別結合，是教師對學科知識針對其教育專業的需要所進行的獨特理解。雖然學科知識是其中一種重要的組成知識，因爲教師所具備的學科領域知識，會影響教師要如何教某一個學科的概念，它可以使教師明白課程內容的相對重要性，藉以選擇安排課程補充教材，並批判課程教材的適切性，以及教學使用的策略（Carlsen, 1993；Grossman, 1990）。

不過學科教學知識還是由上述幾種知識統整而成的教師特有知識，其成分則因教師本身各種知識的程度即情境要求而有所不同，而非一成不變的靜態知識結構。

由上述 Goodlad 和 Brophy 等人的觀點，經過層層的選擇取捨後，原先制訂課程標準時的理想課程，經過轉化為教科書、教學指引與教師手冊而成為正式課程，其間已存在無法避免的差距，更何況教師在實施課程時，以本身所具有的先前知識與信念加以知覺詮釋，在教師知覺課程與正式課程間的差異更是無法以道里計。為縮短教師知覺課程與正式課程間的差異，瞭解教師如何依據其知識將正式課程進行詮釋轉換為知覺課程，實為課程改革與實施是否成功的一個重要關鍵，也是本研究想要探討的問題。

研究方法

研究對象

本研究之範圍是針對國小五年級社會科為主，選定台北市東區某國小五年級的兩位社會科教師為對象。這兩位社會科老師，本研究稱之為甲老師和乙老師，甲乙兩位老師到此學校教學都已經超過十年，對學校運作情形皆十分熟捻，對教學與負責之行政工作相當投入，該校師生多認為是優良教師。為兩者最大的差異在於甲教師師專畢業後繼續接受國立大學歷史系教育並完成學業，乙教師則由師專暑期部畢業後,並未繼續接受歷史方面學科教育。由此應可推論兩者學科知識有所差異。

課程實施的分析上，則是以國小社會科第九冊第二單元中之『中華民族大融合的朝代』、『秦朝的融合』與『魏晉南北

朝的民族融合』等三課爲主。「中華民族的融合」單元的主
要目標在培養學生了解我國民族融合的情形，培養尊重不同
民族的態度，以及發展運用歷史資料的能力等三方面，而其
設計依據則主要是認爲兒童在前一單元中，對中華民族的生
活環境已有基本認識，因此，本單元主要從歷史上的幾個朝
代中各族的接觸來探討中華民族融合的情形，希望藉由對民
族融合情形的了解，可以建立兒童尊重不同民族的態度，並
發展兒童運用歷史資料的能力。爲達到上述目標，本單元的
教材主要是包括融合的朝代（包括：秦漢魏晉南北朝唐清等
朝代）、融合的過程、融合的方式、融合的影響以及對不同文
化應有的態度。

　　『中華民族大融合的朝代』是此單元的開端，介紹的是比
較綱要性的概念介紹，可以看出老師對整個中華民族融合過
程的了解程度，同時秦始皇是一位耳熟能詳的人物，從日常
生活中獲得的相關概念也較多，因此可看出教師對『秦朝的
民族融合』的知覺課程，受到日常知識影響 的程度；魏晉南
北朝對一般人而言比較陌生，應該可以看出學科知識對教師
建構知覺課程的影響。

研究方法
　　◎研究資料蒐集
　　　爲瞭解教師對於課程、對教學內容的詮釋和教學所抱持的
　　目的，於上課後或其他課餘時間，針對教師有關正式課程的
　　理解進行開放性問題的訪談。所有訪談並錄音記錄。

　　◎觀察訪談資料分析
　　　由上述觀察訪談所獲得之資料，研究者與助理先各自將訪
　　談內容加以轉譯爲文字，經訪談教師確認後，再針對談話內
　　容加以分析。

研究結果分析

　　為能了解教師對正式課程的理解，本節首先對所分析的教科書內容依據教師教學指引、課本內容加以分析，再對教師的知覺課程進行分析，最後再對照分析，以了解教師的知覺課程與正式課程間有何變化，以及這些變化是受到哪些知識的影響。

教師的知覺課程
◎第一課：中華民族大融合的朝代
1.甲老師的知覺課程：民族融合的長期過程

　　甲老師認為本課主要在介紹民族融合的長期過程。他說：

> 中華民族經歷的過程相當漫長，由於外族的融合才使得中華民族這麼多樣化，那主要就是讓學生知道民族的形成是要歷經相當的時間才能完成。（甲老師訪談）

　　甲教師似乎認為民族的融合指的是外族的融入，而漢族是中華民族的主要種族。亦即甲教師認為本課目標在於介紹中華民族融合的漫長過程。

　　就內容來看，首先，甲老師認為：

> 因為這一課主要是介紹中國歷史上，幾個民族融合比較明顯的階段，基本上，課本的這種分期是比較具有政治色彩的，它比較強調在某個階段是哪些外族進來，那個階段有什麼民族進來的方式，但是民族融合本身就是一個很長的歷程，因此所介紹的都只是進入或是比較明顯的時期，否則像魏晉南北朝的融合，實際上應該是在唐代才完成的。（甲老師訪談）

在甲教師的學科知識中，這些朝代都是其它民族融入漢人社會成功的例子，其它尚有融合失敗的例子如宋、元等朝代則未加以呈現，根據其教學觀知識，甲老師認為一方面顯示教科書只探討成功的例子，未從民族融合成功與失敗的例子中，來了解民族融合面對的問題；另一方面可能是為了學生學習方便，才選擇這些民族融合比較明顯的朝代加以介紹。

在此，甲老師顯然是依據其學科知識結合其教學觀知識，思考教科書選材上的問題，同時他也依據其課程知識與學生能力的了解，認為這樣的編選可能是為了方便國小學生學習。不過也可看到甲教師想法不一致的地方，即在前段引文中，甲教師認為民族的融合是外族融入的過程，顯然是一種以漢民族為中心的看法，如果認為指選擇成功融入的例子是富「政治色彩」，則以漢民族為中華民族之核心民族的想法，豈不是明顯的種族歧視嗎？

其次對於課本上的朝代表，甲教師認為必須配合課程主題來加以劃分階段，以協助學生記誦。他說：

> 這個單元講民族的融合，比較明顯的融合時期都是在治亂治亂之間，因為剛好是大混合很亂的時代，民族就會有戰爭、衝突，就會有一個新的融合，所以我就針對這樣來區分。（甲老師訪談）

可見甲教師是基於其課程知識，運用其學科知識，將課本中的素材加以詮釋。即甲老師知覺的課程，是要介紹民族融合經過衝突、爭執與協調的長期過程，民族衝突常造成天下紛亂，在民族協調進行融合時，由於各種文化的激盪、融合，則常能使天下更富庶繁榮，朝代表的介紹應該要基於這種民族融合的過程，以治亂更迭作為分割朝代表的依據。這

顯然是依據其有關民族融合方面的學科知識對課程所進行的理解。同時基於其教學法知識與課程目標，甲老師認為朝代表的介紹需要配合民族的融合過程來進行，藉此讓朝代表的了解與民族融合得以結合，讓學生在記朝代表的同時，也了解發生民族融合的主要階段。

2.乙老師的知覺課程：中華民族的歷史演變

乙老師則認為：

> 這一課主要就是要告訴我們這些事，知道我們中華民族是從很久以前就是漢族與其它民族互相接觸，互相衝突，最後妥協共同生活在一起，發展而成。（乙老師訪談，頁3）

在上述引言中，乙教師提出知道民族融合的發展過程外，也點出這個過程是經歷了接觸衝突和妥協的歷程，但是其用意為何？乙教師並未提及。

在內容方面，乙教師認為：

> 這個單元主要是講歷史，講民族的融合，講歷史的話朝代表一定要先了解，才能知道歷史的演變是怎樣，歷史上各個朝代之間的前後關係。民族的融合主要就是民族和民族之間互相有了接觸，就會互相有衝突，然後互相怎樣去妥協，融合在一起和平相處。（乙老師訪談，頁3）

基於課程知識與學科知識，乙教師認為本課內容在介紹歷史，朝代表是最基要了解的素材，透過朝代表，學生能夠了解朝代間的前後關係，才能了解歷史的演變過程；對於民族的融合，則主要是了解民族間如何經由接觸、衝突、妥協而融合在一起的過程，其最終目的在了解中華民族的發展，這

應該也是乙教師心目中本課的教學目的。

不過乙教師似乎將朝代的更迭當作是民族融合的過程，認為朝代的衰敗會造成民族的融合，他說：

> 每一個朝代剛開始時的皇帝都有一番作為，但慢慢慢慢的衰
> 敗、滅亡，之間就是每個朝代的演變，讓他們有這樣的概念之
> 後，最後有一個真正的大融合出來把它收拾殘局，最後統一起
> 來。（乙老師訪談）

顯然乙教師從中華民族朝代演變的歷程來看朝代表，而不是從民族融合的過程來看待，以致將朝代演變與民族融合等同起來。這種混淆可能是因為學科知識有所不足，未將朝代演變與民族融合加以釐清外，也可能是受到前述所知覺的課程目標所導引。

◎秦朝的民族融合
1.甲教師的知覺課程：秦始皇的政策與其對統一的影響
甲老師對本課的理解顯然受到其學科知識的影響。他說：

> 為什麼課本對秦始皇剛開始時，對一些部落雖然形式上統一，
> 但實際上並未完全融合的這些部落，他怎樣處理這也應該點出
> 來，這樣才能凸顯民族融合國家統一初期的衝突調適過程，也
> 才能讓學生了解，民族融合過程所可能遭遇的問題。（甲老師
> 訪談）

教師手冊並未提及秦始皇統一初期的調適問題，可見甲老師是以其學科知識進行理解，並基於其課程目標，認為就民族融合而言，融合初期發生衝突的原因和後果以及民族間如何針對自己的文化特性彼此調整適應的介紹相當重要。如果可以將秦始皇的處理民族衝突調適的方式提出來討論，學生

可以藉此學習如何看待問題、解決問題，進而培養解決問題能力。但是這部分課本並未加以說明，由此可見甲教師從教學目的加以考量，應會就其學科知識，對秦始皇如何處理民族融合過程所產生的問題加以補充說明，以培養學生面對問題解決能力。

在內容方面，甲老師認為本單元在安排上，教科書內容未能從民族融合的角度介紹秦始皇的政績，因此有偏離主題的現象。他說：

> 一開始主題講民族的融合，那就不應該把秦始皇拿出來，單獨講他的政績，而是應該以民族的融合為主軸，然後把秦始皇有關民族融合的政績加以介紹。（甲老師訪談）

顯然甲教師認為本課的主要內容是在於介紹秦朝的民族融合。基於課程知識與教學目標，認為教科書的內容應該具有一致性，編輯上也必須依據課程目標，課本就與民族融合及本單元教學目的相關性較低的政策加以介紹，有可能模糊課程目標。

不過，研究者認為，如果換個角度看，由於學生初次接觸到這方面的課程，為了使學生對秦始皇有一個概略性的理解，呈現其比較重要的措施也有助於了解其時代背景。同時分析甲教師本身所建構的知覺課程內容，也會發現有此種模糊課程目標的可能。首先，他希望能藉由對秦始皇的一生，來吸引學生興趣，他說：

> 我希望能透過這個機會讓他們了解一下，讀歷史最有趣的還是人物和事件，可能比較能引起他們的興趣。（甲老師訪談）

顯然這是基於他對學生的了解，認為學生會喜歡聽這方面的內容，藉此來引起學生學習的興趣。同時希望透過這樣的講課，學生能知道真相，了解「歷史故事與真相之間仍然有所出入」（甲老師訪談），這樣的看法則受到其學科知識中，「史料必須進一步加以分析研究才成為歷史」的觀點所影響。可知甲老師對於秦朝當時的民族融合的背景，尤其對秦始皇的崛起與經歷應該會清楚交代，希望藉此了解秦始皇的成長，進而由其個性的了解明瞭造成其政策施為的原因，一方面讓其了解歷史真相，並藉此引起學生興趣。

　　其次，甲老師認為秦代是中國歷史上第一個大一統的朝代，很多措施跟融合有很大的關係。但是學生一般對秦始皇持有一些負面看法，認為他是一個暴君，因此甲老師認為需要說明「他所謂的暴是在什麼地方。給他們點醒一下」（甲老師訪談），其中並強調造成民怨的原因，在於「使用民力不當」，以讓學生了解為什麼強大的秦朝，在統一天下十五年後就滅亡。這在教科書中並未提及，因此是甲教師依據其學科知識加以增加的部份，希望讓學生了解原因之後能避免將來再犯相同的錯誤。可見，甲老師從其教學目標建構此部份的知覺課程，希望讓學生能了解秦始皇的政策與民族融合的關係，並且從秦朝的滅亡，了解領導者成敗的因素，吸取領導經驗，以達到避免錯誤的目的。這些教學目標與前述「讓學生了解，民族融合過程所可能遭遇的問題。」（甲老師訪談）的目標有所出入。

2.乙教師的知覺課程：介紹秦始皇的事蹟與統一全國的過程

　　由於乙教師是以達成教材編輯目標為教學主要目標，是以教學「要配合課本原來編的目的」(乙教師訪談)，本課教科書

內容多在敘述秦始皇統一天下有所貢獻的措施，只在最後一小段敘述民族的融合，因此乙老師認爲：

> 這課的重點應該是他的事蹟，當時把全國統一的過程和方式，等於他對於當代後世的貢獻與影響。（乙老師訪談）

乙老師認爲秦始皇所採用的統一措施對整個中華民族的融合有很大的影響，他說：

> 從目前的角度來看不得不佩服秦始皇當時把文字、度量衡、交通‧‧貨幣統一的作為，對後來我們中華民族的融合有很大的貢獻，但是在手段上過於激烈，太殘忍，否則貢獻應該很大。（乙老師訪談）

可見乙老師把促進統一的措施和維持統治的措施加以混淆，這可能是因爲一方面乙教師侷限於其學科知識有限，接受歷史學科知識的訓練較少，同時也可能受到以往政治社會環境因素的影響，對秦始皇的評價多屬負面，使乙老師也有此種印象，而忽略秦始皇在促進民族融合上的政績，也未探討引起所謂秦始皇暴政的前因後果；另一方面此部份教科書的編輯並未不一致，將統治的手段放在民族融合的主題中，造成乙教師的混淆，因此教科書中雖然載明了「爲了長期統治中國，也做了一些殘忍的事」（52頁），但乙老師仍將之與前述『有幾項措施對國家統一有很大的幫助』加以混淆。

◎**魏晉南北朝的民族融合**
1.甲教師的知覺課程：民族接觸時產生的問題與文化的調適

對於魏晉南北朝的民族融合這一課主要的課程內容，甲老師認爲是介紹民族接觸時所發生的問題及文化上的調適。甲教師以其學科知識與教學目的爲依據，他認爲一般文化比較

強的民族會把文化比較弱的民族同化，這是課本中的重點。但在魏晉南北朝時情況剛好相反，胡人的武力比較強，卻反過來學習漢人的文化。甲老師認為這表示漢人文化水準比較高，顯然胡人「武力較強而文明水平較低」（甲老師訪談），因此會被漢族同化。甲老師認為：

> 魏孝文帝也了解胡漢在文明上的差異，而課本要講的應該也是這個，但課本中只是講「北魏孝文帝非常喜愛漢族定居的農業生活。」還是沒有把這點暴露出來。（甲老師訪談）

顯然甲老師是依據其學科知識及課程知識，由此句敘述而作出上述推論，在教學中，甲教師應該也會針對胡漢文化上的差異加以補充說明。

同時，甲老師認為課本過於強調漢人的優越性，容易造成學生對其它民族的歧視，因此甲老師認為在教學時，有必要讓學生了解：

> 課本中強調胡人漢化的過程，因為是站在漢人的立場，所以認為魏孝文帝的貢獻很大，我是比較強調平等的觀念，所以這節先講當時亂世的背景，及胡人南下的過程，接著是他們面對的問題。我是想讓學生了解融合會面對的過程，所產生的問題，我們將來可能也會面對這樣的問題，要怎樣去面對。（甲老師訪談）

可見甲教師對課本中的內容，認為是由漢人立場出發，而並未從平等地考量民族的融合過程所可能產生的問題。這種看法顯然是基於其教學目的的看法，為了讓學生知道在民族融合的過程，所面對的文化衝突問題，亦即如何在學習他族文化時仍能維持固有文化，保存民族的特性，並希望學生透過這種了解，在面對西方文化的傳入時，能夠在學習他族文

化優點的同時，也能維護優良的民族固有文化，因此甲教師認為應該會介紹其歷史背景、民族融合過程以及可能面對的問題。

2.乙教師的知覺課程：混亂與融合

這一課教科書上大致可以區分為兩部份：其一是五胡亂華的情況。其二則是北魏孝文帝的漢化政策為主，介紹鮮卑族的漢化政策。對於魏晉南北朝這一課，乙老師認為教科書所想要教導的課程內容，是五胡亂華之後中原的混亂情形，以及當時民族融合的措施。他認為本課在「講五胡亂華之後國家怎樣亂，並舉出北魏孝文帝的措施做為例子，來說明民族融合。」（乙老師訪談），這與教科書內容大致符合。對於漢化政策，乙老師基於其學科知識認為教科書以「漢民族為中心來講，把其他民族都遺漏，但理論上其他種族也必然有融合現象」（乙老師訪問），基於其教學目的，乙老師認為這有失偏頗，而未「基於相互尊重、互相了解的觀念想法」（乙老師訪談），對此問題，乙老師認為應該先讓學生對當時的形勢先有所了解，才能在互相了解的基礎上互相尊重，這應該是基於教學法的考量。因此乙老師希望先透過朝代表了解當時的情勢，並以分分合合來說明當時朝代的演變。他說：

> 教學時主要是先讓學生了解那時候的形勢，所以先看朝代表，因為裡面很多國家，所以我用分分合合來代表，使他們了解當時很複雜，有很多國家好像很凌亂，在胡人四面八方進入，一定有衝突打架，然後大家試著調整，大家才能和平相處。（乙老師訪談）

小結

從上述，可以知道甲教師和乙教師在對正式課程的理解

上，所援引的知識種類不同，因此在其建構的知覺課程上也多有不同，可由（表6-1）的比較中加以了解。

　　由（表6-1）可知，兩位教師對課程的理解差距頗大，從所依據的知識來看，甲教師主要依據其學科知識，針對教學目的、參酌其教學方法與學生能力的知識，來建構知覺課程；乙教師則多依據其學科知識、教學目的與學生能力來建構其知識，比較少從教學方法來考量；其次從其建構的知覺課程的內涵來看，甲教師的知覺課程與教科書的課程內容差異較大，比較能依據其學科知識，從教學目的出發對教科書的編輯進行批判，重視協助學生由歷史事件的因果脈絡來了解事件的後果，同時重視由問題分析的過程發展學生能力；乙教師則受其「以達成教科書編輯目標」為教學目標的影響，對教科書的使用比較強調忠於教科書的編輯目的，知覺課程與教科書內容差異較小。由此觀察可知，教師對正式課程的知覺雖然受到其學科知識影響很大，但並非是唯一的主要因素，教師所具有的其他知識，諸如學生能力的了解、所抱持的教學目的、所具有的教學法知識、以及課程知識等對教師的知覺課程也有很大的影響，但是主要的考量還是在於針對學生能力特質與需要、課程目標和教學目的，選擇其學科知識內容，採用適當的教學方法，將教材內容加以重新組織呈現。

表6-1 兩位教師的知覺課程及其援引的知識種類

單元內容	甲教師的知覺課程及援引的知識種類	乙教師的知覺課程及援引的知識種類
中華民族大融合的朝代	**民族融合的長期過程** 1民族融合的漫長過程 (學科知識) 2教科書選材重成功例子忽略失敗例子(學科知識、教學目的、課程知識) 3依據民族融合過程，劃分朝代表(學科知識、教學方法知識、教學目的)	**中華民族的演變過程** 1民族融合會經過接觸、衝突、安協、最後融合 (學科知識、教學目的) 2從朝代更迭看民族融合過程，強調朝代表的詳細背誦 (課程知識、學生能力)
秦朝的民族融合	**秦始皇統治的真相與其政策對統一的影響** 1從民族融合看秦始皇政策 (教學目的、學科知識、課程知識) 2調適民族衝突的方法 (學科知識、教學目的、教學方法) 3秦始皇的成長背景 (學科知識、教學目的、教學方法、學生能力) 4秦朝敗亡的原因 (學科知識、學生能力、教學目的、教學方法)	**秦始皇的事蹟、統一全國的方式及對後世的影響** 1統一全國的過程與方法 (學科知識、教學目的) 2秦朝敗亡的原因 (學科知識)
魏晉南北朝的民族融合	**民族接觸產生的問題與文化的調適** 1胡人武功強文化弱，故採漢化政策 (學科知識、教學目的) 2民族融合產生的問題 (學科知識、教學目的) 3南北對立的形成 (學生的了解、課程知識、教學目的、教學方法)	**五胡亂華後中原的混亂及北魏孝文帝如何促進民族融合** 1五胡亂華的情形 (學科知識、教學目的) 2北魏孝文帝的漢化政策 (學科知識、教學目的) 3其他民族與漢族融合的現象(學科知識、課程知識)

結論與建議

結論

綜合上述研究發現,本研究就教師知識如何影響其知覺課程建構獲得以下幾點結論:

1. 教師對正式課程的理解主要受到其學科知識的影響,並參酌其教育學知識、課程目標、對學生能力的了解來建構其知覺課程。

2. 教師建構知覺課程時,受學科知識影響的情形隨其學科知識是否豐富而有不同。學科知識比豐富者,學科知識會影響教師對教材內容的批判與補充,而較為缺乏者,若未能掌握充分課程內容,則可能受到錯誤的觀念所影響,造成對正式課程的扭曲。

3. 教師所抱持之教學目標會影響教師對正式課程的詮釋角度。這可從兩位教師對朝代表的解釋看出來。著重以民族融合為課程目標的甲教師會從民族融合的教度來解釋朝代表的意涵;而著重於歷史學習的乙教師則從歷史的演變來看待朝代表。其次,重視培養學生解決問題能力的甲教師會注重於歷史脈絡的介紹及問題分析過程的演示;而重視正式課程目標學習的乙教師則著重於教科書內容的學習。

4. 學科知識不同的教師對於一般常識的引用程度不同。學科知識較為豐富的甲教師會依據學科知識對一般常識進行判斷其內涵;學科較不充裕的乙教師則比較會受到一般常識的影響;並引為上課內容。

建議

　　本研究依據這兩位老師的訪談結果，獲得上述發現應可提供下列建議，值得關心教育者加以思考。

　　◎教科書主題要明確一致，教師手冊應提供足夠補充教學資料

　　本研究發現對於學科知識較為生疏的教師而言，教科書內容供其作為教學依據，而教師手冊則為其補充教材的重要來源。因此，當教科書內容與主題不是很一致時，容易誤導教師的理解；教師手冊的編輯，雖然它主要並非在提供教學資料，但所提供的參考資料，對於許多學科知識比較有限的教師而言，仍是教學時重要的參考資料，因此教師手冊除了提供教學活動安排之參考外，對提供給教師教學參考的資料也應注重其統整性，並提供教師該領域近來研究成果以及相關資料取得的途徑，讓教師能藉由這些資料補足教學上的需要與相關知識上的不足。

　　◎加強統整學科知識與教學專業的能力

　　本研究發現豐富學科知識且能統整其豐富教學知識的教師，對課程重點比較能加以凸顯。雖然以往在師資培育機構中，教育專業與學科專門知識訓練孰重孰輕的問題，經常受到關注，但因為國小教育對象是兒童，導致一般人認為國小教師不必注重專業能力，只要能管理小學生常規即可，因此國小教師之專業能力往往受到忽視，每當師資缺乏時，往往以招收相當學歷人士接受短期一般性教育學分修習後，即上場執起教鞭。這種作法雖然可以解一時燃眉之急，但是往往未能培養統整學科知識與教學技能的能力，而只是具有互相孤立的學科知識以及一般教學知識的教師，以至於真正能統整學科知識與教學知識建構統整學科教學知識的專業教師甚為缺乏，許多關心教育人士對此頗具憂心。

　　且社會科內容包含多種學科知識，要找到兼具各學科知識

且具有教學專長的教師實甚難得，一般教材教法的師資多偏重學科領域專家或一般教學方法教師擔任，講述或偏於學科知識而輕教學方法，或偏一般教學方法而輕學科領域特性，欲培養既精熟於學科知識且能靈活運用適當教學方法的教師實屬不易。爲解決此一問題，除前述課程方面宜進行調整外，師資培育機構亦應愼重設計學程，針對社會科內容與發展趨勢，研究適當教學方式，並配合教育實習課程，培育優良社會科教師於實做之中。

成立在職進修中心，規劃長期學科教學進修課程

目前的在職進修多偏重於一般教育問題的研討，或學生問題的處理方面，對於教師學科教學知識的提昇，並未給予適當重視，尤其在學科新近發展趨勢以及學科教學技能的研討更是付之闕如，更何況可於學期中參加此類在職進修者，往往又不是擔任該科教學工作者。爲求落實進修功能，實應借重於各師資培育機構的教學功能，利用寒暑假期間設計教學專業課程，配合以學科教學專業進修時數做爲教師專業能力評鑑的指標，並由教育行政單位訂定教師進修補助辦法，一方面提昇教師參與興趣，再則可以提供較爲專業的教學課程，協助教師自行選擇教學課程，編選教材，進行教學的能力，如此，相信對教師的學科教學能力應會有很大的助益。

結合教師及學生對課程的詮釋探討運作課程

本研究係以教師訪談方式對教師知覺課程的建構加以了解。因此對於實際運作課程的建構無法加以對照,如能結合觀察、訪談方式從教師對課程的詮釋及學生對課程所做的詮釋會如何影響其課堂學習的行爲以及教師的教學活動，對於課程實施應該也有很大的影響，將來的研究可以探討教師對課程的詮釋與學生對課程的詮釋如何彼此影響 ，進而共同建構

教室中的運作課程，如此對於課程實施應該會有進一步的瞭解。

中文參考書目

◎黃政傑。《課程改革》。台北：漢文書店，民國八十七年。

英文參考書目

◎Brophy, J. E. (1982). How Teachers Influence What is Taught and Learned in Classrooms. *The Elementary School Journal*, 83, 1-13.

◎Carlsen, W.S. (1993). Teacher knowledge and discourse control: Quantitative evidence from novice biology teachers' classroom. *Journal of Research in Science Teaching*, 30, 471-481.

◎Grossman, P.L. (1990). A tale of two Hamlets. In P.L. Grossman, *The making of a teacher: Teacher knowledge and teacher education* (pp.1-18). New York: Teacher College, Columbia University.

◎Schulman, L. S. (1987). Knowledge and Teaching: Founations of the new reform. *Harvard Educational Review*, 57, 1-22.

柒

文化差異與山地國小數學
教學革新

紀惠英

前言

　　數學知識一向被認為是獨立於文化因素、生活背景且價值中立的（value-free）科學知識。然而，這樣的觀點已逐漸受到學者們的質疑。國外學者（Zaslavsky, 1973；1988；1994）長期研究非洲部落，以及Papua New Guinea的部落經濟活動（Brainerd, 1982；Lancy, 1983；Saxe, 1981；1982；1991；1995），均發現數學活動最初之目的在於適應生存的需求，數學活動本身是一種文化適應的活動，而數學知識體系的建立則是文化活動的產物。在此等數學知識觀點的轉變下，許多研究者從文化脈絡的觀點探討如何設計數學課程、編選數學教材、進行數學教學，以及如何培養具備多元文化素養的師資（Bishop, 1988；Gerdes, 1988；Graham, 1988；Pinxten, 1987；Stanic, 1988）。反觀國內，原住民教育問題雖然日漸受重視，但相關的改革措施，大多致力於縮小城鄉差距，而未考慮到族群文化的差異（牟中原、汪幼絨 ，民86），因此，本文擬從另一種觀點----文化差異，探討原住民兒童的數學學習問題。事實上，關於文化脈絡因素與原住民兒童數學學習的基礎性研究，在國內極為缺乏，加上現今山地部落與平地的接觸相當頻繁，文化脈絡因素與原住民兒童數學學習間的關聯並不易確認。故而，本文的目的不在於提供具體的結論，而是企圖呈現研究者在山地國小進行初探性研究時所發現到的問題與現象，並希望藉此對山地國小數學教學革新提供一個不同的思考方向。

問題背景

　　82學年度，研究者擔任師院的教育實習課，曾安排學生至山地國小參觀與試教，對研究者以及該班學生而言，這是第一次接觸山地國小的教學現場。在此之前，這些師院學生已

經在不同的市區學校實習過多次，然而，在山地國小的實習經驗，卻是其中最令人印象深刻的一次。尤其是在低年級試教的同學，她們發現雖然自己已經使出渾身解數，卻仍然無法讓小朋友待在教室裡上課，所有預先構思好的教學活動都無法進行，在深感挫折之餘，她們也有一份「怎麼會這樣？」的困惑。試教後的座談會中，該校校長（本身亦為原住民）提及：「我們原住民小孩常常有學習上的困難。就拿數學來說，過去在我們族裡，根本沒有所謂『一百』、『一千』這樣的數，我們的數只到三，三以上就是『很多』，『一千』、『一萬』這樣的數，對我們的小朋友實在不具有任何意義。」這段話讓研究者首次體會到，數學知識並非是一套放諸四海皆準的知識體系，原來數學知識也有族群文化的差異存在。

　　山地國小的實習經驗，啟發了研究者對於文化脈絡與數學學習的興趣，促使研究者開始閱讀相關文獻，並於86年5月到87年3月到泰雅國小（化名）進行初探性研究，由於缺乏相關的基礎性研究，因而研究之目的並不在於獲得具體的結論，而是企圖在實際的教育現場裡，探討原住民兒童數學學習的問題，整個研究的焦點著重在兩方面：

1. 國小教科書裡有關的數學概念（例如：數量、時間、長度……），在原住民傳統文化中是如何表達這些數學知識？
2. 該族群文化中的數學概念與價值觀是否影響原住民兒童的數學學習？如何影響？

研究方法

　　基於國內有關原住民教育的文獻，尚缺乏從社會文化脈絡的觀點探討原住民兒童數學學習的相關研究，本研究乃採用質的研究方法，在山地國小現場進行初探性研究（目前仍持

續進行中），此處呈現的是86年5月至87年1月的初步成果。

　　研究者係於86年5月開始進入研究現場—泰雅國小，該山地國小的學生皆爲泰雅族，學校教師中約有三分之二爲泰雅族人，部落裡以說泰雅語爲主、國語爲次。最初，研究者是在該校附設的幼稚園進行半參與式觀察（86年5月至6月），其後，爲更深入理解泰雅族兒童的數學學習問題，於是在徵求校長與一年級導師的同意下，在86學年度上學期（86年9月至87年1月）擔任一年級數學科的臨床教學，同時進行參與式及半參與式的觀察。整個研究歷程中，除觀察法外，研究者也與相關人員進行半結構或無結構性的訪談，而且一面蒐集並分析相關的文件資料。

研究者的角色

　　在幼稚園進行半參與觀察時，由於研究者多以「旁觀者」的立場觀察師生互動，以及小朋友的學習情況，並將自己的定位爲「觀察者」、「學習者」，因而對於小朋友並沒有任何期望或價值判斷。然而，當研究者開始擔任一年級數學科臨床教學後，由於直接涉入教學情境，於是過去的經歷背景、價值取向開始影響研究者與小朋友的互動關係，而研究者也開始察覺到在課堂上存在著文化差異的現象，並於教學歷程中，不斷調適自己的期望與教學方式，以縮小二者的差距，至於研究者所觀察到的文化差異現象，則詳述於後。

文化與數學

　　根據Bishop的分析（1988；1991；1992），在不同的文化與社會中，共通的日常活動包括：計數（counting）、測量（measuring）、方位（locating）、設計（designing）、遊戲

（playing）、解釋（explaining）等六大類活動，這六大類活動，對任何社會的任何人來說，幾乎都是一再發生的日常活動，這些活動的結果則形成了各個文化的數學知識體系。然而，各個文化中的數學活動雖是共通的，但由於生活環境與文化的差異，數學知識的表達方式卻有不同，而個別文化中的數學活動與數學知識體系也影響了兒童在學校的數學學習。

文化脈絡與數學知識

關於文化與數學知識的關聯，在學者的研究中已發現，人類所採用的數系種類非常多，不同的文化裡所採用的計數方法與策略也有所差異，且與其區域經濟活動有密切關聯僅（Brainerd, 1982；Lean, 1986；Joseph, 1991；Zaslavsky, 1973；Saxe, 1981；1982；1991；1995），通常在採「以物易物」貿易型態的部落裡，傾向於採用有限數系，而商業貿業為主的部落則多採用十進位數系。事實上，此等經濟活動與數系的關聯，也顯示在泰雅族的文化中。李亦園（民52）對南澳泰雅族的田野調查發現，泰雅族為有限數系，最大的數是一千（十百），而根據研究中的報導人所言：「個位數的減法會算，十位以上就很難了。十位數之整數加法可以算，再多就不會。」事實上，泰雅族過去是靠打獵與農業為生，其傳統經濟活動是「以物易物」的貿易型態，在平日進行交易活動時，泰雅族人並不需要很精確的數量概念，他們對於物品的價值是依個人的需要或喜好的程度來判斷，並沒有明確或共同的標準（例如：一斤多少錢）。直到日據時代，因為幫日本人做工，泰雅人才有貨幣交易及幣值觀念，不過所得工錢很少，所以並不需要用到很大的數。也正因為日常生活裡並不太需要進行大量的運算，泰雅族人普遍缺乏精確的數量觀念與複雜的運算策略。

至於時間概念與曆法方面，泰雅族的時間概念是將一日的時間概分為「半夜」、「破曉」、「日出」、「晨」、「中午」、「下午」、「太陽落山」、「暮」、「夜」、「深夜」等十個區段，對於時間早晚的判斷，泰雅人在晴天時依據太陽、星辰的位置，而陰天則聽鳥叫聲來決定時間。在曆法方面，是看月亮的圓缺來計算，由新月到月圓到殘月而消失，稱為一個月；而所謂的一年則是指從第一次小米收穫到第二次小米收穫祭，一年分為冷、熱兩季，各為半年（李亦園，民52）。至於冷、熱季的判斷，則是以獵物存放時間的長短為依據。

　　關於距離的概念，泰雅族人並不是以數量（幾公里）來呈現，而是以已知的地方或是時間來描述，例如：回答「秀林到新城有多遠？」的問題，他們可能說：「你早上出門，快到中午就到了。或是說從我家到富世國小走五遍就到了。」。在方向的觀念上，泰雅人是以陽光與地形為依據，他們只有東西的觀念，而沒有南北的概念，而以人身為基準的方位，則有前、後、左、右、斜的區分（李亦園，民52）。

　　歸納上述，可以得知在泰雅族的傳統文化中，對於「精確性」的要求並不高，並且是傾向於以定性的、質的方式來描述數學知識，而現今國小數學教科書強調的是精確的、定量的數學概念，此二者間存在著極為明顯的差距，而此等差距是否影響泰雅兒童在學校的數學學習，是一個值得思考的問題。

文化脈絡與數學學習

　　既然數學活動是文化適應的過程，那麼原有文化的生活經驗是否影響兒童的認知發展與數學學習，也成了心理學者與教育學者所關心的問題，有些學者係由皮亞傑(J. Piaget)的認知發展理論來探討文化差異的影響（Dasen & Heron, 1981；

Moore, 1994； Posner & Baroody, 1979； 劉錫麒，民65；民71；民72）；另有一些學者則直接比較不同文化兒童的數學成就或解題策略（Lancy, 1983；Moore, 1982；Posner, 1982；林宜城，民83）。而綜觀這一類的跨文化研究，大抵可以發現，國外的文獻與研究資料顯示文化因素與數學學習之間有相當密切的關聯。至於國內的研究，在基礎性研究仍相當缺乏的情況下，尚無明確的證據得以確認二者間的關係。不過，根據一般的研究調查，均發現原住民兒童在數學學習方面有相當大的困難，他們在數學成就方面與一般平地的兒童有相當大的差距（李亦園，民52；民71；牟中原、汪幼絨，民86；林宜城，民83；陳枝烈，民83）。

　　至於泰雅國小也有類似的現象，該校小朋友數學成績普遍低落，在四年級的班級裡，約有三分之一的小朋友不會做計算題。根據研究者在泰雅國小幼稚園裡進行觀察的結果，該幼稚園大班兒童都可以利用數塔，進行十以內兩個數或三個數的合成與分解，甚至部分小班的兒童也會解同樣的問題。然而，當研究者利用樹籽讓小朋友練習實際的問題時，例如：呈現7顆樹籽後，將樹籽分別放在兩隻手中，並讓小朋友數其中一隻手的樹籽，再問他們另一隻手的樹籽有幾顆，卻只有一位小朋友能夠解答。事實上，該校幼稚園老師（泰雅人）認為，造成原住民兒童數學學習困難的主要原因是國小數學教學太過抽象，缺乏具體操作的經驗所致，故而她非常強調讓小朋友在幼稚園裡透過各項教具的操作來建構數學概念，但研究者所觀察到現象的是：讓小朋友使用數卡、數棒、數塔進行運算時，小朋友都能順利解題，然而，一旦面對實際的問題時，小朋友反而不知所措了。在林宜城（民83）的研究中，也發現山地兒童是先了解教具的積木表徵的數字位值對應問題，然後才了解生活實物表徵的數字位值對應問題，因此認為山地兒童在生活上較缺乏有關數的活動與經

驗，故而影響其位值概念的發展。由此可知，國小數學教學方法過於抽象或許是造成原住民兒童數學學習困難的原因之一，但是生活經驗中缺乏數的活動與經驗恐怕是更重要的影響因素。

至於在時間概念方面，似乎也有類似的現象，李亦園的田野調查研究中就提到：「現代人（指泰雅人）雖然有很多人都購有鐘錶，但是每日作息時間仍舊用看天時的老辦法，鐘錶的廿四時制對他們沒有什麼意義，難怪附近漢人責備他們沒有時間觀念。」（民52，67-68頁）這樣的現象在研究者的臨床教學中亦曾發現，當研究者上「幾點鐘」的單元時，小朋友一看到模型鐘，大多能正確的讀出時間（在幼稚園已教過），而且對於習作上的問題也都能正確作答。然而，當研究問他們教室牆壁上的時鐘或是他們手上戴的手錶是幾點鐘時，大多數小朋友卻回答：「不知道。」而由與小朋友的互動經驗中，研究者也發現到小朋友雖然會看模型時鐘，但卻將手錶當做裝飾品，而非計時的工具，並且這些學習經驗似乎也未能幫助他們解決日常生活中的時間問題。

另外，研究者也察覺到文化的價值觀，對該校小朋友的數學活動與數學概念似乎也有影響。根據族中長者的描述泰雅族是一個非常講求「公平」的族群，不過對泰雅人而言，「公平」也不是要很精確或是完全一樣，只要是差不多就好。研究者在幼稚園裡幫小朋友分魷魚片時，撕給小朋友的魷魚片大小不一（差距很大），但小朋友都吃得很高興，沒有人抱怨不公平。

從以上種種現象來看，似乎顯示出原住民兒童的數學學習受其生活經驗與傳統文化的影響，不過，這樣的結論仍需透過更深入的研究方能確認，但可以確認的是山地原住民兒童

在生活經驗與相關的文化背景方面的確有異於一般平地兒童。

原住民兒童的學習特性與數學學習

關於原住民兒童的學習特性方面，國內的相關研究（劉錫麒，民76）發現，原住民（阿美族）兒童在學習方式上較偏好討論、模擬與遊戲的方式，他們較不喜歡的學習方式為講述與編序教學，而他們在學習方式上的偏好對於國語、數學與自然科的成績均有影響。此外，訪談過程中，也有受訪者提到泰雅族兒童的特性時，說到：

> 「我們原住民小朋友比較靜不下來，他們比較擅長唱歌、跳舞、狩獵與運動，所以我們原住民從事學術研究的人比較少。」
> （86.10.26，訪談記錄）

這樣的特質似乎也反應在研究者的臨床教學上，研究者就發現到，在課堂上幾乎無法讓小朋友安靜下來聽老師說話，因而往往無法依據預先的計畫來上課。例如：在進行教學單元「數到二十」時，研究者讓每位小朋友用手抓一把花片，然後數數看一隻手可以抓多少花片，當研究者巡視行間時，卻發現小朋友拿花片在玩。另一次的課堂狀況，則是發生在「做做看」的單元教學，當小朋友拿到教具後（組合用的小三角板），還沒有弄清楚研究者要他們做什麼，就開始玩了起來，眼看根本無法讓他們安靜下來聽研究者說明活動流程，研究者決定不做全班的講解，直接到各組看他們的活動情形。當研究者到各組巡視時，卻發現各組不斷的利用小三角板組合成各種形狀，並且比較那一組比較多或是比較大，研究者也趁機引導他們討論並做分類活動，實際上，這堂課原

來只是讓小朋友認識形狀，結果小朋友同時做了大小、形狀、顏色的分類與多少的比較。而類似的情形也一直在數學課堂中出現，小朋友總是靜不下心來聽研究者說明活動流程，然而他們也總有自己的一套活動方式，研究者只能順勢引導，但結果卻常會發現小朋友的學習潛能遠超乎研究者所想像。李亦園（民71）在討論高山族青少年教育與適應問題時，也指出：「高山族人的工作態度是喜愛不受拘束的，他們表現在學習上，似乎也有同樣的情形。………對於各種體育競賽或歌唱舞蹈活動，凡是在師長嚴格排定時間與監督下的活動與練習，他們就顯得提不起勁，成果也差；但是當他們自己組成，自己練習的情況下，則表現得積極，常常能奪得比賽錦標，這種不受拘束的學習態度，是應該加以注意的。」（442-443頁）不過，此等學習潛能的表現，如果涉及語文因素，往往就會大打折扣。由於泰雅族語的語法與國語並不相同，以「你好嗎？」為例，泰雅族的說法則是「Embrax(好) su(你) hug(嗎)？」，而在泰雅國小的學區內，母語與國語是主要的溝通語言（泰雅語為主，國語為次），故而一般來說，泰雅族兒童的國語文能力普遍不佳。因此，平時的課堂互動，小朋友常常表現出極高的學習興趣與潛能，然而一遇到習作或練習時，他們往往就會一再要求：「老師，我不會寫，你教我。」在研究期間，一年級班上的小朋友，只有兩位可以自己看題目解答問題，部分小朋友在引導他唸完題目後，可以自己解答，但是大多數兒童跟著研究者唸完題目後，往往會問「是加的嗎？是減的嗎？」，研究者必須教導她用「○」或用花片來表徵題意，才能夠順利解題。

另外，研究者也察覺到在個別教學時，小朋友其實能夠展現相當豐富的學習潛能，而這些往往是在團體教學中無法看到的。根據研究調查，泰雅族在傳統上對兒童的教養是採較縱容的態度，進入青春期以後，父母對子女的干涉也很少，

任憑子女自由發展。同時，他們也不重視獨立性的訓練，子女對父母的高度依賴被視為常態（牟中原、汪幼絨，民86）。這樣的文化傳統，似乎可以用來說明小朋友在學習方面的依賴性，在研究者的觀察中，每當小朋友必須獨立作業時，他們常會要求協助，即使是上美勞課時，小朋友也常常對一旁進行觀察的研究者尋求協助，要求研究者：「老師，我不會做，你幫我做。」不過，當小朋友進行小組活動，或是在教師的支持下進行學習時，他們又能展現出極佳的學習潛能。

由上述原住民兒童的學習特性來看，一般教師的數學教學方式常常是要求小朋友獨立學習並且極依賴語文及符號來進行溝通，評量方式又必須以語文為主要媒介，班級經營則傾向嚴格化，凡此種種皆與原住民兒童本身的特性有頗大差異，如此一來，難免會導致山地兒童在學習上的挫折感。

從文化差異的觀點看山地國小的數學教學

關於原住民兒童的學習問題，陳枝烈（民83）認為家庭環境、文化刺激不足等因素尚不足以說明原住民兒童為何數學成就低落，而汪幼絨參加「行政院教育改革審議委員會」，進行一系列關於原住民教育問題的調查與研究（1995－1996）後，也提及：「原住民兒童在數學學習上的困擾，是無疑的。」，並且建議對於原住民兒童成績較為低落的原因，應該從文化背景與社會環境上去探討。至於研究者在泰雅國小所進行的初探性研究，也有類似的發現，不過鑑於形成社會改變需要更長期的努力，但學校教學是教師較能著力之處，故此處將從文化差異的觀點，說明泰雅兒童數學學習上的問題，以及可能的教學革新之道。

原住民兒童的數學學習困境

　　根據學者們過去所做的研究調查，以及研究者在山地國小進行的初探性研究，顯示原住民兒童在數學學習方面存在著以下困境：

　　第一、　在原住民傳統文化裡，數學知識的表達方式是傾向於定性的描述，同時也不講求精確。而這樣的文化傳統，與現行國小數學教材強調精確的量化描述，有著極大的差異。然而，現行的數學課程與教材裡並未考慮到二者的銜接問題。再者，「數」的教學是小學數學課程裡的重點，但小朋友的生活經驗卻缺乏相關的活動。因此，小朋友在學習數學時，不僅在是在學習數學知識，其至還必須學習不同的文化價值，而學校所學的數學課程內容，又與他們的生活經驗沒有太多關聯。對原住民兒童來說，這樣的學習實在不易引起他們的學習興趣，當然也比較缺乏成功的學習經驗，惡性循環之下，使得小朋友的學習成就日漸低落。

　　第二、　從小朋友的學習特性來看，原住民兒童比較喜歡自由、無拘束的學習氣氛，但一般學校與教師卻傾向於嚴格督導小朋友進行學習活動，往往也讓小朋友在學校裡動輒得咎。其次，原住民兒童比較偏好動態的、遊戲的學習方式，但學校的教學卻比較依賴語文為溝通工具，對於原本國語文能力就比較差的原住民兒童來說，又多了一層語文理解上的障礙。至於在研究者的臨床教學裡，則發現泰雅族小朋友在學習上比較依賴，因此在提供支持的情境下學習，往往會有較好的學習成效，但是現今的學校學習卻是傾向於要求小朋友獨立學習。這些文化上的差異，往往讓原住民兒童在學校的學習備感挫折。

　　第三、　就評量的方式而言，一般教師在評量兒童的數學

成就時，大都是以紙筆測驗為工具，必須透過語文與符號為媒介，因而雖然評量的結果，顯示的是兒童數學成就低落，但實際上更是反映小朋友語文面的障礙。事實上，在研究者的臨床教學經驗裡，如果透過操作或活動的方式來評量小朋友，原住民兒童所展現的數學能力與學習潛能，遠超過紙筆測驗所呈現出來的結果。

山地國小數學教學革新的可能方向

歸納上述，原住民兒童數學學習的最大問題在於，學校裡的數學課程、教材與教學，甚至教師的班級經營，都沒有考慮到文化差異的問題，以一個預先設定的框架，將原住民兒童套入其中，原住民兒童在這樣的學習環境下，不自在、不適應的挫折感應是可想而知的。因此，在考慮文化差異的前提下，可能的教學革新方向包括：

◎教材方面

目前國內的數學教科書，不管是由教育部或是其他民間出版社編訂，均未考慮到原住民兒童的需求，故而山地國小教師可能須在掌握教學目標的前提下，自行編訂或選用適合原住民兒童的教材，而所謂適合的教材是指能夠符合教學目標且與原住民生活經驗有關的數學問題或活動。

◎教學方面

整體而言，在目前的教育體制與教學環境下，所顯現出來的是原住民兒童學習上的問題而非長處，山地國小教師除了能體認兒童的學習問題外，還須了解原住民兒童的學習特性與長處。根據Gardner的多元智力理論，現今學校教育裡重視的是語文智能與數理邏輯智能（李平，民86；陳瓊森，民86），但過去以打獵與務農為生，今日則靠務農及打零工營生的原住民，對此二者並不擅長。相反的，一般的原住民兒童

大多具有良好的空間智能、身體運動智能以及音樂智能，如何利用兒童較擅長的智能，去發展較不足的能力，是山地國小教師可以思考的方向。另外，原住民兒童在學習上較依賴同儕及成人的支持，因此，在數學教室裡發展出良好的合作學習與民主討論的氣氛，並尊重原住民兒童原有的文化特性，應有助於其數學學習。

◎評量方面

就數學科的評量方式來看，大多數的教師仍舊以紙筆測驗為主要工具，而以語文與抽象符號為主要媒介。但研究者的臨床教學經驗卻顯示，傳統的紙筆測驗對於兒童學習與教師教學，所能提供的訊息極為有限。若能運用真實性（authentic）評量的概念，採用多元的評量方式，例如：實作（performance）、作品集（portfolio）、討論等方式，直接在相關的真實情境中進行評量，將可以獲致較公平的評量結果（Hill & Ruptic, 1994）。同時，經由真實性評量所獲致的資料，也可以提供原住民兒童數學學習的多方面訊息，讓教師得以據此調整或修正未來的教學。

其實，對原住民兒童來說，他們需要的是一個比目前教育體制更人性化、更敏感的學習環境，能夠察覺並尊重族群文化的差異，讓他們可以發揮他們擅長的能力、發展他們的不足之處，並獲得成功的學習經驗。

結論

近年來，在多元化、民主化思潮的影響下，原住民教育逐漸受到重視。然而大多數的研究與調查，雖然都發現原住民童在數學學習方面遭遇相當困難，但對於原住民兒童的學習

特性與學習問題卻仍舊缺乏深入的研究。本文就研究者在山地國小所觀察到的文化差異現象，以泰雅族兒童為例，說明文化背景與數學學習的關聯，期望能由另一種不同的觀點來探討原住民兒童的學習與山地國小教師的教學，並對山地國小的教學革新提供更多元的思考方向。同時，也希望能促使更多研究者與教師關注原住民兒童在現今學校裡的文化適應問題，然後進行更精緻的研究與教學革新，讓原住民兒童能夠因學校教育而有更好的成長與發展。

中文參考書目

◎牟中原、汪幼絨。《原住民教育》。台北市：師大書苑，民國八十六年。

◎李平譯。《經營多元智慧－開展以學生為中心的教學》。台北市：遠流出版社，民國八十六年。

◎李亦園。《南澳的泰雅人－民族學田野調查與研究》。南港：中央研究院民族研究所，民國五十二年。

◎李亦園。《臺灣土著民族的社會與文化》。台北市：聯經出版社，民國七十一年。

◎林宜城。〈南投縣山地地區國小兒童位值概念發展之研究〉。《測驗統計年刊》，第三輯，71-109頁，民國八十四年。

◎陳枝烈。《臺灣原住民教育》。台北市：師大書苑，民國八十一年。

◎陳瓊森。《開啟多元智能新世紀》。台北市：信誼基金出版社，民國八十六年。

◎劉錫麒。《花蓮泰雅族兒童認知能力的發展》。省立花蓮師專印行，民國六十五年。

◎劉錫麒。《花蓮泰雅族兒童時間概念的發展》。省立花蓮師
　專印行，民國七十一年。
◎劉錫麒。《花蓮泰雅族兒童透視協調能力的發展》。省立花
　蓮師專印行，民國七十二年。
◎劉錫麒。《花蓮阿美族兒童學習方式與學業成就》。真義出
　版社，民國七十六年。

英文參考書目

◎Bishop, A.J. (1988). Mathematics Education in Its Cultural
　Context. *Educational Studies in Mathematics*, 19(2), 179-191.
◎Bishop, A.J. (1991). *Mathematical Enculturation: A Cultural
　Perspective on Mathematics Education*. Dordrecht: Kluwer
　Academic Publishers.
◎Bishop, A.J. (1992). *Removing Cultural Barriers to Numeracy.
　Plenary address at the National Conference of the Australian
　Council for Adult Literacy.*（ERIC Document Reproduction
　Services No. ED359840 ）
◎Brainerd, C.J. (1982). *Children's Logical and Mathematical
　Cognition*. NY:Spinger-Veriag Inc.
◎Desen. P.R., & Heron, A. (1981). A Cross-Cultural Tests of
　Piaget's Theory. In H.C. Triandis & A. Heron (Eds.), *Handbook
　of Cross-Cultural Psychology: Developmental Psychology*
　(Vol.4). Alleyn & Bacaon.
◎Gerdes, P. (1988). On Culture, Geometrical Thinking and
　Mathematics Education. *Educational Studiesin Mathematics*,
　19(2), 137-162.
◎Graham, B. (1988). Mathematical Education and Aboriginal
　Children. *Educational Studies in Mathematics*, 19(2), 119-135.

◎Hill, B.C. & Ruptic, C.A. (1994). *Practical Aspect of Authentic Assessment*. Norwood, MA: Christopher-Gordon Publishers, Inc.

◎Joseph, G.G. (1991). *The Crest of Peacock- Non-European Root of Mathematics*. London, UK: I.B. Tauris and Co. Ltd.

◎Lancy, D.F .(1983). *Cross-Cultural Studies in Cognition and Mathematics*. NY: Academic Press.

◎Lean, G.A.(1986). *Counting Systems of Papua New Guinea*. Dept. of Mathematics, Papua New Guinea University of Technology, Lae.

◎Moore, C.G. (1982). *The Navajo Culture and the Learning of Mathematics*. Final Report.（ERIC Document Reproduction Services No. ED214708）

◎Pinxten, R. (1987). *Toward a Navajo Indian Geometry*. Printed by Communication and Cognition, Ghant (Belgium).

◎Posner, J.K., & Baroody, A.J. (1979). Number Conservation in Two West Africa Societies. *Journal of Cross-Cultural Psychology*, 10, 479-496.

◎Posner, J.K. (1982).The Development of Mathematical Knowledge in Two West Africa Societies. *Child Development*, 53, 200-208.

◎Saxe, G.B. (1981). *The Changing Form of Numerical Reasoning Among the Oksapmin. Indigenous Mathematics Project*. Working Paper 14.（ERIC Document Reproduction Services No.ED229268）

◎Saxe, G. B.(1982). Developing Forms of Arithmetical Thought among the Okaspmin of Papua New Gunia. *Developmental Psychology*, 18(4), 583-594.

◎Saxe, G.B.（1991）.*Culture and Cognitive Development: Studies in Mathematical Understanding*. Hillsdale, NJ:Lawrence

Erlbaum Associates.

◎Saxe, G.B. (1995). From field to the classroom: Studies in Mathematical Understanding. In L.P. Steffe, & J. Gale（Eds.）, *Constructivism in Education* (pp.287 312) Hillsdale NJ: Lawrence Erlbaum Associates.

◎Stanic, G.M.A. (1988). *Cultural Influences on Mathematics Performance and Their Role in Research on Equity in Mathematics Education.*（ERIC Document Reproduction Services No. ED297938）

◎Zaslavsky, C. (1973). *Africa Counts: Number and Pattern in African Culture.* New York: Lawrence Hill Books.

◎Zaslavsky, C. (1988). *Integrating Mathematics with the Study of Cultural Traditions.* Paper presented at the International Conference on Mathematical Education.（ERIC Document Reproduction Services No.ED303540）

◎Zaslavsky, G. (1994). "Africa Counts" and Ethnomathematics. *For the Learning of Mathematics* , 14(2), 3-8.

捌

大學教育學程的學校本位課程發展：
一以國立中正大學課程發展個案爲例

蔡清田

前言

　　從廣義的角度而言，課程的意義包括：計畫、目標、科目與經驗 (黃政傑，1985)，而且「課程發展」(curriculum development) 是指課程經由發展而轉趨成熟的轉化歷程與結果，強調演進、生長的課程轉化觀念與歷程 (黃政傑，1991)。「學校本位課程發展」(school based curriculum development) 是以學校為基礎的「課程發展」工作，從1970年代以來，受到廣泛重視 (Skilbeck, 1984)。「學校本位課程發展」，是以學校的自發活動或學校課程需求為基礎的發展過程，在此過程當中，對於中央政府與地方政府的權力、責任和控制，重新加以分配，學校也獲得法律、行政的自主與專業的影響力，而能自行管理發展 (Eggleston, 1979, 12)。特別是「學校本位課程發展」乃由參與作課程決定的所有成員，包括：校長與教師學生等參與課程規劃、設計、實施與評鑑整個學校方案活動的過程 (王文科，1997, 6)。

　　作者任職於中正大學，在教育學程中心開設「課程設計」，並在教育學研究所開設「課程設計研究」與「課程評鑑研究」等科目，非常關心教育學程之「課程發展」。究竟中正大學如何透過教育學程「課程發展」，以達成培育師資之教育目標？特別是中正大學的教育學程課程規劃、課程革新、課程設計、課程實施與課程評鑑等「課程發展」的五個問題之探討，可作為「學校本位課程發展」個案。然而，上述的每一個個別問題都是片面零碎而不完整，未能全面性處理學校課程發展之各個層面的問題，難以透過上述個別問題，瞭解影響學校課程發展成敗的關鍵因素與必要條件，有必要採取一種植基於行動實務基礎之上的「折衷統合途徑」(eclectic approach) (Schwab, 1971, 316)，以便從統觀的「整體角度」

(holistic perspective) 來掌握瞭解這一套相互關聯、彼此影響的學校課程發展不同層面。希望本文之探究可以作爲中正大學教育學程中心進行下一個階段課程發展改進的參考，希望建立「課程發展」愼思熟慮的行動實務基礎 (Walker, 1990)，更嘗試探究台灣地區「學校本位課程發展」之理論基礎，作爲建構台灣地區「學校本位課程發展」的本土課程學術理論根基。

中正大學教育學程「學校本位課程發展」五個構成要素

「學校本位課程發展」，含有綜合性的架構，針對學校所處的社會變遷環境，而進行學校課程發展，所設計的課程內容方法與途徑，比較具有教育專業彈性與學校教育動態的適應性。「學校本位課程發展」根源於文化分析或「情境分析」的課程發展，其基本假定是以個別的學校及其教師作爲課程發展的焦點，乃是促進學校眞正改變的最有效方法（黃光雄， 1984, 304；1996, 48）。根據課程學者史克北（Malcolm Skilbeck）提倡的「學校本位課程發展」共有五項主要構成要素：分析情境 (analys the situation)，擬訂目標 (define objectives)，教與學之課程程式設計 (design the teaching-learning programme)，詮釋實施課程程式 (interpret and implement the programme)，評估及評鑑 (assess and evaluate) (Skilbeck, 1984, 230)。作者希望能從學校課程發展的觀點，分析探究中正大學教育學程「學校本位課程發展」五個構成要素的相關問題。

情境分析之課程規劃層面

　　「情境分析」是「學校本位課程發展」的第一項主要構成要素。依照史克北之定義，課程的概念即經驗，亦即，課程是學校教師、學生及環境之間互動與溝通。學生處在一種發現自己，並受到許多因素影響的狀態，這一狀態和這些因素稱為「情境」，這是由於若干交互作用的課程發展要素所構成，課程發展人員在規劃課程時，必須瞭解課程發展過程中的學校教學情境之文化脈絡因素，以考量課程發展之可行性 (Skilbeck, 1984, 234)。「學校本位課程發展」將課程發展置於學校文化的架構中，教與學乃是產生經驗交換和改變的歷程，強調師生經驗的交換、學生能力的改變。「情境分析」乃是文化取向課程發展的主要任務，旨在引導課程發展人員注意寬廣的學校環境與課程內涵，這些因素都是課程發展人員所要蒐集的資料 (黃光雄，1996, 48；Skilbeck, 1982)。

　　學校層次的課程發展，始自學習情境的評估分析，據此而提供不同的學程規劃內容 (Skilbeck, 1984)。國立中正大學教育學程之課程規劃，一方面因應中央政府師資培育多元化之國家師資教育政策，另一方面，合乎綜合大學學校本位課程發展理念之潮流。特別是就「理想課程」的課程發展理念而言，台灣地區自1994年2月7日公佈「師資培育法」後，師資培育進入新的階段，國內教育學者希望透過「開放」與「多元」的師資培育方式，達成「卓越」的師資培育目標 (黃光雄，1997, 1)。國立中正大學依據「師資培育法」的國家教育政策，於1995年精心規劃設立中等學校教師教育學程，開創台灣地區新式師資培育工作之先河。本校教育學程中心自1995年8月成立，以培育文、理、工、社會科學及管理等類科之優良中等學校師資為宗旨，可以彌補國內現有中等學校上述類科師資之不足。可見中正大學教育學程課程發展之規劃，乃以國家師資教育多元化的教育政策為依歸，合乎民主

社會師資培育多元化之社會需求。

　　更進一步地，國立中正大學係屬綜合大學，設有文、理、工、社會及管理學院，開設教育學程，一方面可以培養國民中學、高級中學與高級職業學校等中等學校國文、外文、歷史、數學、物理、化學等科目之師資，以應國中及高中教師之需求；另一方面更可以培育高級職業學校工商管理類科師資，包括：商業、會計、國際貿易、企管、經濟、財務、金融、電機、化工、機械、資訊等工商服務社會發展市場需求殷切之類科。而且本校是一所研究型大學，研究所數量多於大學部學系數，因此，教育學程除招收大學部學生，並招收研究生，引導研究生投入中學教師行列，以提昇中學師資水準 (黃富順，1995, 1)。因此，本校教育學程之課程規劃，合乎綜合大學研究發展特色，並與學校本位課程發展理念一致。

目標擬訂之課程革新層面

　　「目標擬訂」是「學校本位課程發展」的第二項主要構成要素。就政府官方公佈的「正式課程」觀點而言，根據「師資培育法」的規定，所謂教育學程係指「大學校院所規劃經教育核定之教育專業課程」，不同於一般師範院校的課程安排。就培育師資的教育目標而言，中正大學教育學程所界定的理想師資內涵特色 (中正大學教育學程中心，1996, 1)，旨在培養教育學程學生：

　　1.具備紮實的專門學科知能。
　　2.具備充實的教育基礎及教育研究知能。
　　3.具備熟練的教學實務及班級經營知能。
　　4.具備嫺熟的諮商與輔導知能。
　　5.在變遷社會中具備積極創新與修德澤人的教育使命感。

由上述教育目標可見，「學校本位課程發展」當中，目標是衍生自「情境分析」的結果，因應大學所處的師資多元化教育革新情境，並且因應社會變遷，提出課程革新見解。目標是一連續歷程的一部分，不是瑣碎的行為目標，更不是學習終點，目標包括：教師和學生的行動，其方式包含可欲的學生學習與可預期的學習結果，亦即，課程目標亦包含並陳述教育活動方向的喜好、價值和判斷，反映宏遠的師資培育理想。

　　就理想師資目標之宣導而言，本校透過編訂教育學程中心簡介於校刊上刊登，並上網路供全校師生了解，配合定期舉辦教育學程說明會，並編印有關教育學程須知送達各系所，轉知全校學生以瞭解理想師資培育目標。除經上述方式強調教育學程理想師資應具備之條件與專業素養外，而且課程發展人員可以依據達成上述理想教師應具備之知能開設教育專門課程，並於各課程教授過程中予以強化。

　　就課程革新觀點而言，為了嚴防「教育學程班」變成「教育速成班」(黃炳煌，1996, 375)，因此，教育部委託進行有關「中等學校教師修習教育專業科目及其學分之研究」(陳伯璋等，1994)，以及「師資培育多元化後師資專業化可行方案之研究」(黃炳煌等，1995)。為了確保課程改革品質，教育部更根據「大學校院教育學程師資及設立標準」，將中等學校教師教育學程課程規劃為教育基礎課程、教育方法課程與教育實習課程等三類官方正式公佈的「正式課程」 (教育部，1997, 97)，以確保我國師資多元化政策下課程革新品質。本校規劃成立教育學程之初，乃依據教育部所定之教育學程三大課程領域設計，與本校師資培育課程革新目標 (黃富順，1995)，設計如（表8-1）（表8-2）（表8-3）：

表8-1 中正大學教育學程教育基礎課程：必修6學分，選修8學分

必修課程		選修課程	
課程名稱	學分數	課程名稱	學分數
教育哲學	2	比較教育	2
教育心理學教育	2	教育史	2
教育社會學	2	教育行政	2
		科學教育	2

表8-2 中正大學教育學程教育方法學課程：必修6學分，選修10學分

必修課程		選修課程	
課程名稱	學分數	課程名稱	學分數
教學原理與方法	2	教學媒體	2
教育測驗與評量	2	教育統計	2
輔導原理與實務	2	電腦與教學	2
		教育研究法	2
		課程設計	2

表8-3 中正大學教育學程教育實習課程：必修4學分，選修6學分

必修課程		選修課程	
課程名稱	學分數	課程名稱	學分數
分科教材教法	2	學校行政	2
教學實習	2	中等教育	2
	2	班級經營	2

　　簡而言之，以上三類課程必修科目學分計16學分，學生可自多元選修科目當中，修習10學分，總計應修26學分；但是除必修科目外，每一類課程之選修科目至少須修習一科，以獲得均衡的師資培育課程知能。全部課程擬分二至三年授畢，以提供大學部二年級以上及碩博士班學生於修業期間內修習，因此學生若因故未能於二或三年內修滿規定學分，則學生於修業期間內均可繼續選修教育學程課程，但畢業後即喪失此資格。而且，根據「大學校院教育學程師資及設立標準」之規定，學生修習教育學程之科目及學分數，視同輔系

課程。因此，本校規定每學期修習教育學程學分數之上限以八學分為原則，不僅兼顧學生本科系學業學分之修習，而且配合學校教務選課規定之學生學習整體規劃。

更進一步地，為使教育學程學生能依邏輯順序選課，以合乎課程設計之繼續性、順序性與統整性之原則，教育學程中心於1996年9月2日星期一召開中正大學八十五學年度教育學程課程規劃會議，規劃修習教育學程課程之邏輯先後順序，以利學生依序修習所開設科目其課程規劃順序表如（表8-4）：

其目的旨在建議修習教育學程課程之學生，第一年應先修基礎課程，第二年再修教育方法與教育實習課程，換言之，必修科目除教育實習課程外，均以安排於第一年修習為原則，其餘選修科目則安排於第二或第三年修習為原則，以合乎修課之邏輯順序。

教育學程成立之後，配合綜合大學發展與教學需要新聘教師，在教育部規劃的三大課程領域範圍內，陸續開闢新的科目，增加學生選修機會，因應社會變遷的教學專業能力需求。例如：1996年11月21日星期四召開的中正大學八十五學年度第二次教育學程中心課程規劃會議指出，因應社會多元化，培育優秀中等學校師資，並配合本校新設教育學研究所與犯罪防治研究所師資專長，規劃增開教育專業課程，教育基礎課程七科：人際關係與溝通、青少年心理學、當前教育問題分析、學校與社區關係、兩性教育；教育方法學課程四科：校園緊急事件處理、親職教育、教育與職業輔導、行為改變技術；教育實習課程一科：生涯輔導。

復於1997年5月7日星期三召開中正大學八十五學年度第三次教育學程中心課程規劃會議，為配合社會脈動與教育改革

表8-4 中正大學教育學程課程規劃順序表 1996.9.2.

學期	必修科目	選修科目
一上	教育哲學 教育心理學 教育社會學	教學媒體 課程設計 班級經營 學校行政 教育研究法 青少年問題研究 人際關係
一下	教學原理與方法 教育哲學	比較教育 教育行政 教育研究法 教學單元設計 課程設計 學校效能
二上	教育測驗與評量 輔導原理與實務	教學媒體 課程設計 班級經營 學校行政 教育研究法 青少年問題研究 人際關係
二下	分科教材教法 教學實習	比較教育 教育行政 教育研究法 教學單元設計 課程設計 學校效能

趨勢，結合現有師資學術研究專長與本校發展特色，決議將教育導論列為教育基礎課程之必修課程，併同原有教育心理學、教育社會學、教育哲學等三科採四選三；教育導論僅於第一學期開課，並限第一年學程學生修習。課程設計列為教育方法學之必修課程，併同原有教學原理與方法、教育測驗

與評量、輔導原理與實務等三科採四選三。另一方面，爲培養健全人格師資，規劃增開教育專業課程，共計教育基礎課程三科：開放教育、終生教育導論、潛在課程；教育方法學課程二科：媒體資源中心的設計與管理、當前社會問題之教育分析。上述課程變革與異動，均以正式公文向教育部報備，並經核准後開課。可見本校教育學程是學校本位課程發展活動，以學校爲中心，以社會爲背景，透過政府和學校兩者的權力與責任之再分配，賦予學校教育人員相當權利和義務，使其充分利用學校內外的各種可能資源，主動而負責地去規劃、設計、實施和評鑑學校課程，以滿足學校師生的教育需要 (黃政傑，1985, 145)。

課程程式之課程設計層面

教與學之課程程式設計或稱教學之課程程式設計，是「學校本位課程發展」的第三項主要構成要素 (Skilbeck, 1984)。這一構成要素包括：設計教學活動的內容結構和方法、範圍與順序；教學工具和材料；合適的學校機構教學環境的設計：諸如實驗室、實習學校等；相關教學人員的部署和角色的界定；以及功課表，時間表和資源供應。本校教育學程的設計，依據培育中等學校優良師資之教育目標，分析當前社會之文化價值觀，理想教師所應具備之知能，而進行選擇組織，合乎當前專業化理想師資需求，依據課程設計之邏輯順序，先修必修科目，再修其它選修科目，最後修習分科教材教法與教學實習，具有課程組織之繼續性、程序性和統整性。特別是就「知覺課程」而言，本校規劃設立教育學程之教育專業課程各「科目」，一方面符合教育部對教育學程課程規劃之三大課程領域，一方面也合乎中正大學之辦學特色與師資學術研究專長。其課程設計內涵順序如（表8-5）。

本校教育學程師資陣容堅強，現有中心專任教師六名，均

表8-5 中正大學教育學程課程規劃順序表 1997.

必修科目						選修科目		
學期	領域	科目	學期	領域	科目	學期	領域	科目
一上	基礎	教育哲學 教育心理學 教育社會學 ◎教育導論	二上	基礎		上	基礎	人際關係 比較教育 現代教育思潮 多元文化教育 潛在課程 終生教育導論
	方法學			方法學	★教育測驗與評量 ★輔導原理與實務		方法學	教學媒體 教學單元設計 教育與職業輔導 行為改變技術 青少年問題研究
	實習			實習	★分科教材較法		實習	班級經營 學校行政 教育法規
一下	基礎		二下	基礎		下	基礎	教育行政 學校效能 科學教育 學校與社區關係 兩性教育 開放教育 當前教育問題分析 教育史
	方法學	教學原理與方法 教育測驗與評量 課程設計 輔導原理與實務		方法學			方法學	當前社會問題之教育分析 教學單元設計 教育統計 德育原理與方法 親職教育 校園緊急事件處理 電腦與教學 教育研究法
	實習			實習	★教學實習		實習	班級經營 學校行政 中等教育 生涯發展

為符合課程設計邏輯順序◎限第一年學生修習★限第二年學生修習

是教育領域具有專長之教授、副教授與具有博士學位之助理教授，配合本校教育學程規劃完備的課程開授科目。除教育學程中心的六位專任教師開授有關教育導論、教育哲學、教育社會學、教育心理學、教育測驗與評量、課程設計、教學原理、教學媒體、學校行政、遠距教學導論等科目之外，尚有相關系所如教育學研究所、成人及繼續教育研究所、心理學系所、犯罪防治研究所教師，可支援開設相關領域課程。

　　例如：現任校長鄭國順博士開授「數學科教材教法」，前任校長林清江博士開授「教育社會學」，社科院院長黃光雄博士開授「教學原理」，工學院院長羅仁權博士開授「工業類科教材教法」，前任社會科學院院長曾志朗博士與前任心理學系主任柯華葳博士開授「教育心理學」，心理所教授王力行博士開授「教育測驗與評量」，學生輔導中心主任林瑞欽博士開授「輔導原理與實務」，成教中心主任楊國德博士開授「比較教育」，資訊系主任李新林博士與游寶達教授開授「電腦與教學」，成教所所長胡夢鯨博士開授「教育哲學」，魏惠娟博士開授「班級經營」，教育學研究所所長王如哲博士開授教育行政，林明地博士開授「人際關係與溝通」與「學校效能」，外文系林麗菊博士開授「教育研究法」，陳玉美博士開設「英語科教材教法」，犯罪防治研究所高金桂博士開授「教育法規」，鄭瑞隆博士開授「青少年問題研究」與「諮商原理與實務」，吳芝儀博士開授「輔導教材教法」，歷史系顏尚文博士與方志強博士開授「歷史教材教法」，社會福利系王國羽博士與經濟系陳芳岳博士開授「商業類科教材教法」，中文系黃錦珠博士與江寶釵博士開授「國文教材教法」，勞工關係學系曾敏傑博士開設「社會科學概論分科教材教法」，以培養具有專門學科知能及教育實務知能之優秀中等學校教師，非常符合本校辦學特色。尤其是在分科教材教法之課程設計，則依學生任教中等學校科目之需要，開設類科多達十種，合乎本校

綜合大學辦學理念。

詮釋程式之課程實施層面

「詮釋實施」是「學校本位課程發展」的第四項主要構成要素。詮釋和實施是指預測課程實施時，可能遭遇的種種問題。因為教育學程的引進，可能導致大學成員接納的問題，相關承辦人員或需應付不確定的情況，面對學生熱切期盼、校內其他系所成員抗拒或漠不關心等困難，特別是學校各單位之間可能的衝突、抵制和混淆等等。可見在教育學程實施過程當中，必須對於所需資源，以及相關系所單位的態度，善加因應。

儘管如此，一方面，本校教育學程中心透過教育基礎課程、教育方法課程與教育實習課程等「正式課程」之實施；另一方面，就教育見習、實習輔導、教育參觀、導師制度、社團活動與教育專題講演等等其他「非正式課程」的規劃設計與可能的「潛在課程」之發現處理，以落實多元化師資培育「理想課程」的教育專業知能。並配合《國立中正大學教育學程學生手冊》之設計，向學生說明修業規定、課程設計、教育實習制度等事項，透過《國立中正大學教育學程通訊》針對本校教育學程師生、有興趣修讀的同學、本校簽約的教育實習學校，報導相關行政法令、課程教學與教育實習等相關資訊外，將提供園地給全體師生發表經驗與心得。希望經此管道，彼此交流，充分溝通，增進教育學程功能。

為了落實多元化師資培育「理想課程」的教育專業知能，其中一項課程實施任務，便是甄選教育學程學生，以投入未來的中等學校師資陣容，提昇教師素質與教學品質。本校為甄選教育學程學生，一方面制訂「國立中正大學學生申請修習教育學程規定」，另一方面更成立「教育學程學生甄選委員

會」，由校長就相關主管及教授代表聘請七至十一人爲委員，辦理有關學生申請修習教育學程之資格審查、甄選、及其他相關作業，並由教育學程中心負責實際課程運作。就「運作課程」而言，本校教育學程中心係隸屬於社會科學院的教學單位，而非行政單位，其實際運作的課程發展工作項目包括：課程規劃設計、學生甄選、師資遴聘、教育學程圖書及期刊之充實、實習學校之洽商聯繫與協調、學生就業之輔導等。

　　教育學程學生甄選程序，包括第一次初審：由各系所辦理資格審查與遴選推薦，特別強調優良教師人格特質與良好品德，初審不合格者不得參加複審；第二次複審：由甄選委員會辦理，由本校校長、相關主管及教授代表組成甄選委員會辦理複選，必要時得辦理面談，根據名額擇優錄取。由於申請之學生，均爲系所推薦成績名列前茅者，品行優良，且具有從事教育工作熱忱者，因此學生素質頗高。特別是辦理學生甄選期間，透過教育學程說明會，將課程目標、課程設計向全校系所師生講解說明，並回答相關問題，是一種相當有效之雙向溝通管道，有利於課程實施之順利進行。以八十五學年度爲例，其申請流程如（圖8-1）：

　　具體而言，本校教育學程進行之學生甄選，涉及全校相關系所與行政單位，動員全校共同參與，頗能發揮綜合大學之優勢，甄選優良學生。例如：大學部申請學生所就讀學系，應與中等學校各任教科目本科系相符或修讀相關輔系之二年級以上學生，並曾有一學年成績爲該班前三分之一名次者；但於任教學科領域表現優異者，得由系所特別推薦；研究所學生限曾修讀本科系或相關輔系之學生提出申請。各學系每年推薦申請就讀之大學部學生至多以十名爲原則，各系所每年推薦申請就讀之研究生至多以五名爲原則，由甄選委員會

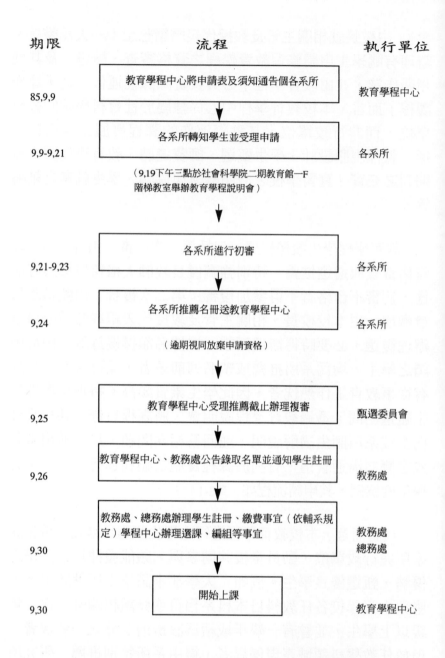

期限	流程	執行單位
85,9,9	教育學程中心將申請表及須知通告個各系所	教育學程中心
9,9-9,21	各系所轉知學生並受理申請	各系所
	（9,19下午三點於社會科學院二期教育館一F 階梯教室舉辦教育學程說明會）	
9,21-9,23	各系所進行初審	各系所
9,24	各系所推薦名冊送教育學程中心	各系所
	（逾期視同放棄申請資格）	
9,25	教育學程中心受理推薦截止辦理複審	甄選委員會
9,26	教育學程中心、教務處公告錄取名單並通知學生註冊	教務處
9,30	教務處、總務處辦理學生註冊、繳費事宜（依輔系規 定）學程中心辦理選課、編組等事宜	教務處 總務處
9,30	開始上課	教育學程中心

圖8-1 國立中正大學八十五學年度教育學程申請作業甄選流程

依成績及品德操守取捨。教育學程每年開設二班，其中大學部一班、研究生一班，每班名額各五十人，各班設有班級導師一名，進行學生輔導，以培育健全的中學師資，可見課程實施，確實發揮本校特色。

同時在經費方面，預算獨立編列且專用，八十六會計年度教育學程中心經常門及資本門經費合計新台幣二、二八七、〇〇〇元，資源充裕，可確保教學品質。本校已有教育類圖書6,670種，中文圖書24500冊，西文圖書19952冊；教育專業期刊中西文320種；陸續增購教育類圖書二千種3,000冊，教育專業期刊15種；教育光碟資料庫 (ERIC) 自1970年至1996年之資料光碟全套及1996年大陸高等教育光碟資料庫乙套；並有哲學、心理學、社會學及犯罪學等豐富的參考圖書及期刊，每年並編列充裕圖書經費，繼續擴充教育相關之圖書期刊。類別涵蓋教育基礎、教育方法與教育實習等三類課程，以供學程各科目教學之用。而且教育學程中心撥款購置國民中學、高中、高職各學科教材書約二千冊，以應學生修習「分科教材教法」與「教學實習」之需，奠定學生的專門領域學科教育知能。

就「非正式課程」以及「潛在課程」而言，本校為獎助學生修習教育學程之學生，培育優秀教師，特訂定「國立中正大學教育學程助學工讀實施要點」，申請之教育學程學生，學業成績平均在八十五分以上，品德良好。其助學工讀工作項目包括參與教育學程中心服務，例如：蒐集教育資訊、學校公文交換、學生問題諮詢，訪客接待、打字、文稿校對、環境整理、圖書設備維護管理、電話接聽、教材發展室規劃等相關業務，以培養學生之教育服務熱忱與知能。就教育實習方面而言，依據「高級中等以下學校及幼稚園教師資格檢定及教育實習辦法」第十三條之規定，組成教育實習輔導委員

會，規劃實習教師整體輔導計畫，訂定「國立中正大學實習教師整體輔導計畫」，協助實習教師獲得實務教學經驗，協助學生藉實習活動，獲得機會觀摩學校教師之實際教學、行政及輔導學生活動，將專門學科與教育專業知識應用至學校情境，學習解決教學問題，提昇其教育興趣、意願與能力，提供良好的實習教師社會化歷程，以利培養優秀之中等學校教師。

另一方面，國立中正大學並依據「高級中等以下學校及幼稚園教師資格檢定及教育實習辦法」第十三條之規定，設置「國立中正大學實習輔導委員會」，結合參與教育實習工作之本校相關單位、與本校簽定教育實習合作契約之學校、及實習學校所屬主管教育行政機關、本校附近地區的教師研習進修機構等，進行有關實習教師之實習輔導事宜。

為促使學生由養成階段順利進入教育實習，規劃教育實習導入階段，由教育學程中心安排每位實習教師配屬三位導師，亦即教育學程班級導師、實習輔導老師、實習指導老師，進行輔導，特別結合實習教師、實習輔導老師、實習指導老師共同研擬年度實習計畫之具體內容及實施方式，以協助實習教師之專業成長。而且本校為辦理修畢教育學程同學參加教育實習之需要，經評估後遴選辦學績效優良之中等學校為本校之教育實習學校，現有簽約教育實習學校包括省立嘉義高中、省立嘉義女中、省立嘉義高工、省立嘉義商職、省立嘉義家職、省立華南商職、嘉義國中、北興國中、大業國中、玉山國中、民雄國中、大林國中、新港國中等十三所。現已完成教育實習並取得中等學校教師資格者十名，目前有十六位實習教師參加教育實習。本校教育實習包括三種類型，亦即包括教學實習、行政實習與導師實習；其中並以教學實習為主，行政與導師實習為輔。而且實習採漸進方式

之師徒制，跟隨實習輔導教師進行一年實習，循參與觀察見習、台下教學助理與上台帶班上課等三階段進行實習。本校實習教師在實習學校均能盡心投入學習，並參與實習學校工作，頗獲實習學校師生讚賞。

評估程式之課程評鑑層面

「檢查、評估、回饋和重新建構」是「學校本位課程發展」的第五個主要構成要素，保證課程發展過程的連續性。因為課程的改革具有種種效果，不限於新內容的選擇和教導，因此需要較廣泛的評鑑形式 (Skilbeck, 1984)。這些課程評鑑工作包括：設計檢查及溝通系統；評估的準備；提供繼續的評鑑，依據課堂經驗觀點，容許進一步的改變目標及學程；評鑑廣泛的結果，諸如學生態度、其他系所教師反應、教育學程對於整個學校組織的影響；保存適當的紀錄，依據參與人員反應加以記錄；發展一套適於各種結果的評鑑程序。

　　本校為培育優良中學師資，精進課程設計，改進教學方法，達成目標，特訂定教育學程中心自我評鑑實施辦法。第一階段教育學程自評：以本中心主任暨專任教師組成自我評鑑小組，除透過每月之中心會議，檢討教育學程之課程發展事宜，並定期週一下午、週六上午進行資料整理及討論業務之形成性評鑑，並加以改進。第二階段請邀請校內外課程評鑑學者，尋求外來的專家顧問之協助，如本校社會科學院院長黃光雄博士，國立嘉義師範學院校長黃富順博士與國立彰化師範大學教授王文科博士及校內相關系所教授等組成評鑑小組進行校內自評，就本校辦理師資培訓成效進行專業評鑑，其所指評鑑範圍，包括中心之目標、組織、學生遴選、師資、課程、教學、資源、實習輔導及未來發展計畫等項目。

總之，本校教育學程中心所訂之評鑑，採定期與不定期二種方式實施。定期評鑑每年至少舉行一次；不定期評鑑採師生座談及師生意見調查等方式辦理。而且利用自我評鑑結果所發現的問題及尚待改進之處，列管追蹤與研究解決，作為下一階段規劃執行之依據。例如：本校教育學程中心便曾於1996年5月設計「國立中正大學教育學程教學意見調查表」，提供選課學生對修習教育學程課程表達意見管道，進行量化統計，供各任課教師未來安排課程及進行教學的參考。

教育學程的課程發展人員受到現實環境中的經費、人力、時間與資源的限制，實際上只能挑選其符合發展重點項目加以執行。例如：教育學程各科教學情形，依教師之授課大綱進行，但是教學實際與學生學習品質，仍有待進一步的教學評鑑，方能確切瞭解問題，改進教育品質，但是，此種評鑑實施，必須結合全校的教學評鑑，以進行全盤規劃進行行動研究，提昇全校教學品質。所幸本校積極培育中等學校優秀師資，甫獲教育部教育學程訪評小組於1997年評鑑為全國優等，並獲准增班，足可證明本校辦學之用心，獲得多方肯定。而且教育學程中心教師亦積極推動並參與多項學術專案研究工作，雖然中心成立不久，便在85-86學年度進行九項專案研究，研究成果質量俱佳，以85學年度為例，申請國科會甲種獎助通過之比例達100%，可見其在教學與研究方面的努力，頗獲肯定。

結語

「學校本位課程發展」的基本假定，乃是課程設計的焦點必須是個別的學校及其教師，亦即，以學校為依據的課程設計與發展，乃是促進學校真正改變的最有效方法。史克北

(Skilbeck, 1982) 認為學校層次的課程設計與發展，首先必須分析與評估學習情境，據此而提供不同的計畫內容。

　　中正大學教育學程之課程發展，將課程設計置入學校的文化脈絡中，此種「學校本位課程發展」較富彈性，較富適應力，可依情況的改變而加以解釋。這種「學校本位課程發展」視課程發展與設計為一種手段，透過豐富充裕的教育資源、圖書、教學設備與優良師資，進行學校課程發展。此種學校課程發展不是事先設定一種直線進程，以貫穿其各個構成要素，亦即，學校可以在各個階段開始，各種活動能夠同時開展。「學校本位課程發展」並不事先設定手段和目的分析；只是鼓勵課程設計人員考量課程發展過程中不同的要素和相關層面，視歷程為一種有機的整體，並以一種相當系統的方式從事工作。學校課程發展提醒課程設計人員系統地考慮其特殊的內涵，並且將其決定建立在較廣的文化和社會探討上面 (黃光雄，1984, 308；Taylor & Richards, 1979)。中正大學教育學程「學校本位課程發展」參考史克北的模式，修改如（圖8-2）表示。

課程規劃符合國家教育政策

　　本校係屬綜合大學，從事學校課程發展，進行情境分析，因應師資培育多元化之國家教育政策，開設教育學程可以彌補目前國內師範大學師資培育類科之不足。同時教育學程開設之課程以符合社會需求為考量重點，一方面因應多元文化與社會變遷之需要，規劃開設有多元文化教育與兩性教育等課程，以重視弱勢族群之教育機會均等，符合社會正義；另為因應目前國內青少年問題日益嚴重，除開設班級經營外，並開授校園緊急事件處理、諮商原理與實務、青少年問題、行為改變技術與生涯發展等科目，符合學者「理想課程」與

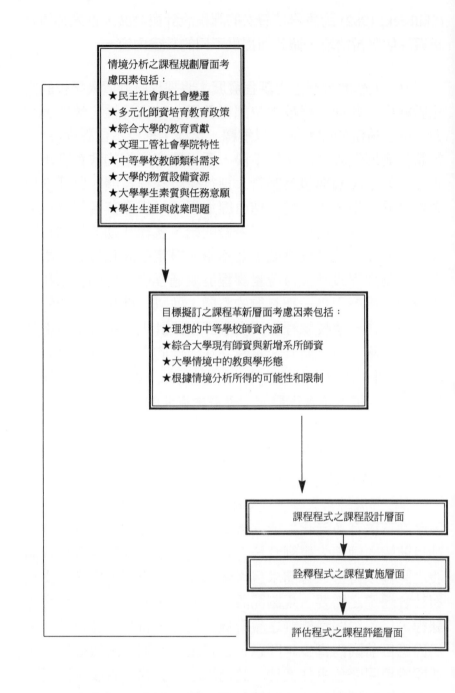

情境分析之課程規劃層面考慮因素包括：
★民主社會與社會變遷
★多元化師資培育教育政策
★綜合大學的教育貢獻
★文理工管社會學院特性
★中等學校教師類科需求
★大學的物質設備資源
★大學學生素質與任務意願
★學生生涯與就業問題

目標擬訂之課程革新層面考慮因素包括：
★理想的中等學校師資內涵
★綜合大學現有師資與新增系所師資
★大學情境中的教與學形態
★根據情境分析所得的可能性和限制

課程程式之課程設計層面

詮釋程式之課程實施層面

評估程式之課程評鑑層面

圖8-2 國立中正大學教育學程的學校課程發展模式

社會變遷實際需求。

課程革新落實教育專業知能

本校從事學校課程發展，擬定師資培育課程目標，合乎教育部「正式課程」規定，明確指出中等學校師資培育目標，界定宏遠的理想中等學校師資內涵，並以步驟系統方法宣導並落實目標，能確實把握課程組織之繼續性、順序性和統整性。本校依據當前社會理想中等學校教師應具備之知能開設課程，在教育基礎課程方面不僅將教育哲學、教育心理學與教育社會學等三科列爲必修科目，奠定紮實之教育理論基礎；教育方法課程方面強調教學原理與方法、教育測驗與評量、輔導原理與實務與課程設計；教育實習課程則重視教學實習、分科教材教法、班級經營，同時兼顧教育理論與班級教學實務，增強教學實習之實踐反省能力。

學程設計教育師資陣容堅強

本校爲研究取向之綜合大學，系所類別眾多，師資、設備與資源充裕，特別是教育學程授課師資陣容堅強，一方面，中心專任教師，不只具備教育理論研究及中小學教學實務之經驗，更具專長與本校教育學程發展方向與重點相合。另一方面，由教育學研究所等相關系所支援二十餘位學有專精之教師支援開課，絕大多數具備高學歷與中小學教學經驗，教師素質整齊且充裕，增強教育學程中心師資陣容，發揮綜合大學特色。特別是各分科教材教法，由本校各相關系所具有中等學校教學經驗之教師支援，更能彰顯綜合大學特色，可爲台灣地區辦理教育學程之表率，彰顯「學校本位課程發展」之教育價值。

課程實施精選學生善加輔導

就課程實施而言，本校係研究為取向之綜合大學，設有研究所碩士班與博士班，一方面規劃適切的甄選制度，大學部及研究生每年各招收一班，學生素質優，學習動機強，俟投入中等學校教師行列後，必能提高中學師資水準。再者，本校嚴格甄選修習教育學程之學生，除考量其專門學科知能外，並重視其人格特質。申請者除專門學科成績須達該班前三分之一外，再經系所評估其是否適任教師工作後擇優推薦；經推薦者均為各該系所品學兼優之學生。複審階段則由教育學程學生甄選委員會辦理，錄取者均為各該系所名列前茅之優秀學生。另一方面，設置教育學程導師制度方案，強化教育專業輔導，引導建立專業知能態度。另為促使學生由養成階段順利進入教育實習，規劃導入階段，安排每位實習教師與實習指導教師、實習輔導教師共同研擬整年度實習計畫，特重具體內容及實施方式之規劃，協助實習教師之專業成長。

本校教育學程待改進之處，一方面包括各科教學的實際「運作課程」宜深入研究，並加強各科教學評鑑；另一方面，也宜針對學生學習經加以深入分析，就教育學程學生層面的「經驗課程」加以研究，更可以針對修畢教育學程之實習教師經驗加以探究，確實理解教育學程目標達成的歷程與結果，作為課程評鑑之參考，以便評估、回饋和重新建構，落實學校課程發展理想。

中文參考書目

◎中正大學教育學程中心。《教育部八十五學年度辦理中等學校教育學程況說明書》。未出版。嘉義民雄：國立中正大學教育學程中心，一九九六年。

◎王文科。〈學校需要另一種補充的課程：發展學校本位課〉。本文發表於「中日課程改革國際學術研討會」。南投日月潭中信飯店，一九九七年三月二十二至二十三日。

◎教育部。《師資培育法及相關法規選輯》。台北：教育部發行中教司編印，一九九七年。

◎陳伯璋等。《中等學校教師修習教育專業科目及其學分之研究》。台北：國立台灣師大教育研究中心，一九九四年。

◎黃光雄。〈課程設計的模式〉。編輯小組主編《中國教育的展望》。台北：五南，一九八四年。

◎黃光雄。《課程與教學》。台北：師大書苑，一九九六年。

◎黃光雄。〈教師教育學程的課程與教學〉。本文發表於「師資培育多元化之理論與實際」國際研討會，台灣台中東海大學，一九九七年四月二十六日。

◎黃富順。《國立中正大學八十四學年度申請設立教育學程計畫書》。未出版。嘉義民雄：國立中正大學成人教育研究所，一九九五年。

◎黃政傑。《課程改革》。台北：漢文，一九八五年。

◎黃政傑。《課程設計》。台北：東華，一九九一年。

◎黃炳煌等。《師資培育多元化後師資專業化可行方案之研究》。台北：國立政治大學，一九九五年。

◎黃炳煌。《教育改革：理念、策略與措施》。台北：心理出版社，一九九六年。

英文參考書目

◎Eggleston, J. (1979) School-based curriculum development in England and Wales. In OECD *School-based curriculum development* (pp. 75-105) Paris: OECD.

◎Goodlad, J. I. (1979) The scope of curriculum field. In Goodlad, J. I. et al., *Curriculum inquiry: The study of curriculum practice* N.Y. McGraw-Hill.

◎Schwab, J.J. (1971). The practical: A language for curriculum. In Levit, M. (1971) (ed.). *Curriculum.* (pp.307-330). Chicago: University of Illinois Press.

◎Skilbeck, M. (1982) School-based curriculum development. In Victor Lee and David Zedin (eds.) *Planning in the curriculum.* London: Hodder and Stoughton.

◎Skilbeck, M. (1984) *School-based curriculum development.* London: Harper & Row.

◎Taylor, P.H. & Richards, C.M. (1979). *An introduction to curriculum studies.* Windsor: NFER.

◎Walker, D.F. (1990) *Fundamentals of curriculum.* N.Y. : Harcourt Brace Jovanovich.

玖 | 教育新理念
─系統觀之隔空教學

◇前言
◇隔空教學系統的教育理念
◇成功建置隔空教學系統的關鍵
◇我國隔空教學的省思與建言
◇中文參考書目
◇英文參考書目

郭淑芳◇計惠卿

前言

　　二十世紀是資訊時代(information age)，知識和學習在工作及生活中變得非常重要。在這資訊科技化社會，人類面對的是一個急遽變遷的社會、一個腦力密集的時代、一個無國界的競爭，在高度競爭的時代只有教育能催生出一個全新的社會。因此，不論開發國家或開發中國家，不遺餘力的投資於教育改革、追求教育績效(張煌熙，民85；李奉儒，民85；周玉秀，民85；林貴美，民85；楊思偉，民85；程介明，民85)。各國教育改革的重點與對策，歸納言之，不外乎在追求「卓越」(excellence)、提昇「效率」(efficiency)和重視「公平」(equity)，即所謂的「三E」主張(楊國賜，民85；謝文全，民85)。每個先進國家在劇烈的生存競爭下，推展「國家資訊基礎建設」(National Information Infrastructure)，透過科技的傳輸來幫助老師教學與學生學習，進而提昇教育品質，擴展教育層面，已然成為教育上的新趨勢(Ludlow, 1995； Dodds, 1992；Cannings & Finkel, 1993； Noor, 1994； Sullivan, 1993；Donahoe, 1995；陳靄彥，民85；劉慶仁、王鼎銘，民86)。我國教育部積極建設教育與研究網路，以強化資訊的產出、流通與應用，因此，資訊科技在未來世紀的教育中所扮演的角色將是不容置疑的。二十一世紀是「知識的世紀」，知識的價值，將比以往的世紀更顯重要。在面對瞬息萬變、日新月異知識爆炸(knowledge explode)的資訊社會中，知識量增加、知識淘汰速度變快了，人民必須終生學習(lifelong learning)才能適應知識的革新。

　　隔空教學(Distance Education)是教育制度史上的一項重要改革，其理念是結合資訊傳播科技、教學媒體與教學策略，提供大量學習對象、多元學習環境、自主學習領域，以無遠

弗屆之便利性，進行學習以及雙向、互動的有效率教學模式。使學習者能以最方便、最有效率的方式達到終生學習(lifelong learning)、適時學習(just in time learning)與彈性學習(flexible learning)的學習目標。因此，許多教育研究指出，隔空教學是未來知識傳遞的重要模式(Nielsen,1991；Baird, 1995；Forgo & Koczka, 1996；馬難先，民85)，對國家力的提昇，具有相當深遠的影響。隨著新科技、新觀念不斷推出，在職人員由於工作壓力，常常無法接受新知，無法掌握社會新脈動，以致無法提昇工作品質、競爭力。隔空教學運用資訊科技於教學過程的結果，將可以突破傳統在職人員進修活動的瓶頸；就質而言，隔空教學，結合了電腦與通訊科技，創造即時性、個人化、多元化的高互動學習環境。在隔空教學系統中，學習者可以透過多種管道傳輸得到適合個別學習領域、進度，且配合自己時間的多元化學習方式，滿足個別專業發展需求，激發學習者學習的動機與興趣；其次，透過多媒體，進行雙向溝通互動，學習者對知識的吸收與理解可以主動分析、思考與探索，建構本身的自我監控認知(metacognition)增進學習效果；就量而言，隔空教學突破時空的限制，使教學變得更有趣、更有效及更經濟，學習可以發生在任何人、任何時間、任何地點，造成人人有書讀、處處是教室、時時可以學習的終生學習環境(楊家興，民85)，因此，隔空教學系統運用於終生學習發展，沒有名額、距離限制且具有時間的彈性。如此無遠弗屆的隔空教學模式，可以克服學習阻絕的交通、時間及名額因素，增加學習的機會與進修數量，提供更寬闊的知識學習領域。

隔空教學系統的教育理念

隔空教學自一八三三年發源於瑞士的郵寄函授。一九六九

年英國成立開放大學 (Open University, Unite Kingdom)實施隔空教學，世界各國有鑑於它的成功，也紛紛成立類似的隔空學校 (Bates, 1995)。隔空教育在過去的發展中曾因使用媒體的不同，而有「函授教學」(correspondence instruction)、「廣播教學」(broadcasting instruction)或「空中教學」(instruction on the air) 等不同的稱呼，但其重要的意涵，均是因應知識爆炸、落實終生教育的最具體行動。近年來傳播科技的發展結合了教學的特殊需求；新科技媒體提供高互動的溝通，多媒體及電腦網路使得學習工具越來越簡便、訊息及資料庫變得更強大，提供隔空教學更多的彈性及學習機會、營造出多管道、多路徑、多資源、多學習方式的多元化學習環境 (Multichannel Learning Environment) (計惠卿，民84)。

隔空教學的意義

　　關於隔空教學的理念與精神，各學者各有其關切的面向。Peters (1988)強調「科技」的角色，指出隔空教學是一種採用媒體科技以傳授知識、技巧及態度的方法，它是工業化 (industrialized)「教」與「學」的模式，大量複製高品質的教材，使大量的學生，不管其所處的地理位置，皆能接受教育。而在科技日益發展的今日，學者更將注意的焦點自科技轉至組織與規畫的層面，Moore (1990)強調隔空教學是事先經過妥善計劃與設計，並透過印刷電子傳播媒體，連結非在同一地方或時間的教學者與學習者，所進行教導活動的一種教學行為。Willis (1994)將隔空教學視為在隔空的組織體制和提供教育過程；當教師和學生因身體的隔離而分處兩地，並藉由科技 (例如：音訊、視訊、資料和印刷)的使用搭起教學的橋樑，展開「隔空的學習」(Learning in a distance) 。這樣的看法與Holmberg (1985)相同，Holmberg認為隔空教學的兩個基本因素是(a)老師與學生分處兩地的教與學(b)以及一個策劃周詳的

教育機構，由於師生分處兩地，因而更強調隔空教學「策劃」的重要性。Delling(1987)更定義隔空教學是一項「計畫性的和系統性的」活動，包含了選擇、教導準備和教材提供，以及學生學習的監督與支持，並藉著適當的媒體來彌補老師和學生之間的身體距離。Keegan(1988)合併多位學者定義的基本要素，提出隔空教學下列六個特性：(a)教師與學習者分隔於不同的時空：有別於面對面的教室教學方式(b)教育組織的角色：隔空教學是屬大型的教育組織，非個人所能推行的，有別於個人的學習(c)科技媒體的運用：媒體攜帶教育內容，連結教師與學習者(d)雙向溝通的設備：使學生能由正式的對話中受益(e)為了教導和社會化目的，偶爾會面的可能(f)教育企業化理論(industralization)，隔空教學是基於經濟、工業化的理論以企業經營的理念，有別於其他教學形態。

　　隔空教學在國內發展雖然較晚，但仍有一些學者就當時的時空背景，提出隔空教學的定義或解釋。莊懷義 (民75) 指出「隔空教學是指老師與學生在學習教學與學習的過程中，有相當的空間距離，有別於傳統教室中的師生面對面的教學」。陳雪雲 (民77) 歸納隔空教育具有兩大要素：第一、教師與學生是分開的；第二、由教學組織或機構設計系統性的教學教材，以幫助學生學習。楊家興 (民85) 認為隔空教學是「一種利用媒體，突破空間的限制，將系統化設計的教材，傳遞給學習者的教學過程」。顏榮泉(民85)強調隔空的距離隔閡，認為隔空教學的distance不僅是指教導者與學習者分屬於不同時空的地理距離，更包含學習者文化族群、生理特質、學習能力、心理需求與角色扮演所造成的學習距離。李麗君(民85)重視隔空的媒體觀，她認為隔空教學是利用各種傳播媒體及科技來達成以學生為中心的教學理念，它的本質是以媒體輔助甚至主導教學活動。

綜上所述可以管窺，隔空教學在世界各國已蓬勃發展，然而，隨著國家發展、社會資源差異，各國對隔空教學內涵的理解有差所別，隔空教學定義因而隨著時間和地點而不同，因此在諸多定義中，指出一個最好的隔空教學定義是很困難的，而且將限制了隔空教學發展的領域。例如：有一些學者定義隔空教學太狹隘，他們把隔空教學視為通訊的研究 (correspondence study) 或工業式的教育 (industrialized form of education)，強調了科技在教育的應用(Technology use in Education)；然而，科技在教育領域的角色，應視之為為教育而發展科技(Technology for Education)，因此，隔空教學的發展與應用，應對其實質性審慎做思考，才不致偏誤。Shale (1988) 認為教育是一種社會化的過程，包含教師與學生之間交換辯證，它是有效知識和有意義協商的過程。那麼教育與隔空教育有何不同？Shale說「隔空教育是教育在隔空」(Distance Education is Education at a Distance.)，強調了隔空教學應落實、回歸教育的本質。

我們覺得隔空教學是整個教育系統的一部份，結合了現代科技，轉移更寬廣的知識領域，發輝更有效能的教育目標。因而從整體的、系統的鉅觀角度來看，隔空教學系統的具備以下特質：

◎**產生師生的距離**(gaps)
時空距離：隔空的情境，教師與學生、學生與學生之間產生時空的分隔，隔空教學突破時空限制，突破傳統面對面的教學。

學習距離：學習者因文化族群、生理特質、學習能力、心理需求角色扮演所造成的學習距離。

	同時	不同時
同地	*面授*	
不同地		

隔空教學系統的學習者爲分隔(separate)而非接觸(noncontiguou)的學習,系統觀隔空教學,運用各種媒體、系統教學設計以消弭時空距離、學習距離。

Learning in a distance

圖9-1 隔空教育的隔空教育環境 (計惠卿,民86)

◎以媒體為橋樑

利用各種媒體來傳遞教學內涵,雙向溝通傳達教與學之間的回饋,削彌師生的距離(gap),以媒體的傳播爲實施教學的主要方式。

◎學習教材情境

學習的教材情境(context),是教學的主要內容,實現教育的要素,因此,必須符合學習者的需求、學習者能力,達到因材施教,如此,才能學得有效果、有效率,且樂在其中。

◎適當教學設計

爲了確保教育的品質,有效的教學必須事前計畫,目的在於激發並支持學習活動、增益學習活動,協助學習者潛能充分發展(Gagne', Briggs & Wager, 1992)。隔空教學的隔空情境,更需要適當教學設計以消弭師生距離。

◎教育情境

以學習者爲中心的教學歷程,包含教、學與教材三者的交互作用(interaction),強調知識、技能、與情意的學習效能,實現教育目標。

◎教育組織

隔空教學是一種企業化大量製造學習環境,無遠弗屆的學

習領域；以系統教學設計的理念，從需求評估、教學策略、媒體選擇、及教學評鑑等龐大的作業，必須是一個教育組織體方能擔待。

系統觀之隔空教學模式

在這資訊科技社會中，知識的質、量遽增下，知識本身複雜、多元及學科間科技整合的背景下，學習的負荷增加，且學習不止是刺激與反應機械式連結的簡單事件，更是學習者與教學環境複雜的交感互動歷程，因此，如何整合教學環境的種種特性與需求，化解、傳授從各方面傾注而來的知識雪球，爲學習提供便捷而有效之道，找出執簡御繁的方法，以整理繁雜的知識，使學習者有系統的學習，以達成學習目標，已成爲當前教育刻不容緩的要務。Brtalanffy (1950)、Banathy (1992) 建議以「系統」的思考模式(system thinking)，作爲教育科技整合與溝通的基礎。所謂「系統」(system)，Logan (1982) 認爲系統由相互關聯的各元素組成，在特定的環境中爲達目的而共同運作。系統思考模式應用在教育上的法則，其意義有二 (朱湘吉，民83)，包括：系統化(systematic)的法則，系統化含有「條理和段落」(order and interval)的意義，它強調有條理、邏輯性、按部就班的分析與設計；另一法則是整體化 (systemic) 的法則是「組成的整體」(organized whole)的意思，它強調整體性動態的發展過程。系統化是一種結構性較強的思考模式，而整體化是一種彈性、機動的思考模式，兩者各有所長，交互使用才能發揮系統觀的教育科技。隔空教學是一個龐大的隔空教學系統(Distance Education System DES)，融合系統思考模式，隔空教學系統是由一群交互作用的因素所組成的一個統合整體，它可以發揮隔空教學的功能。而這群因素包括：投入因素(input)及環境因素(environment)經交互作用(interaction)產生轉化(transformation)

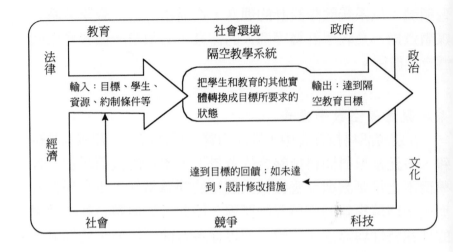

圖9-2 隔空教學系統的轉換功能　（改編自張祖忻等，民84）

過程，而造成某些產出 (output)，隔空教學系統的基本模式應包含如（圖9-2）。

　　隔空教學系統以突破時空限制的特色，希望能承襲傳統教學的優點，發揮隔空教學的優勢，以利於教育目標更快達成，「消除學校」的構想實現。然而，在隔空的情境之下，教學者、學習者的角色責任、互動模式、教學設備及行政管理，全然不同於傳統面對面的教學模式。因此，學者紛紛探討以研究隔空教學系統的模式，希望對領域範圍有明確的描述，以便釐清隔空教學系統的因素，決定教學方法、選擇媒體，提供政策、財務、教育與社會的參考，並獲得支持與信任。以下就諸位學者論述隔空教育系統理論模式，探討建構隔空教學系統的因素，以便界定系統的組織因素，瞭解系統的真實內涵。

◎Kayle系統模式(Kayle System Model)

Kayle(1981)以系統理論的觀點，認為一個隔空學習系統應包含三個因素：

學生：首先界定系統目標群組，瞭解學習者的特質，方能發展適合學習者的課程、教學方法及選擇傳輸系統，做為設計系統的基礎。

學習教材與教學方法：學習必須有一些彈性的課程與內容。系統設計有計畫性的運用各種媒體和資源建立獨立學習明確的目標、選擇自我評估策略、提供學生活動及回饋的系統。

邏輯和實用的特性：隔空教學系統運用一些現有的基本設備，例如：圖書館、郵政系統、及傳播媒體機構，運用集中化、大量製造的學習素材，展現比傳統教學系統更具彈性。

◎Moore's互動距離理論(Transaction Distance Theory)

Moore(1989)認為隔空教育機構需要有效的評估雙向溝通。因此他認為隔空的學習必須包括下列二項因素：

1.對話(dialogue)：在隔空的學生和老師之間提供雙向溝通的對話。

2.結構(structure)：結構提供學習目標、學習方法及評估的工具，滿足學習者需求。即教學設計的理念。

◎Verduin & Clark修正Moore的模式

Verduin & Clark(1991)擴展Moore的概念，強調學習的情感支持、即學習者自治與能力，修正隔空學習的因素為：

1.對話／支持(dialogue/support)：對話除了傳遞教學課程

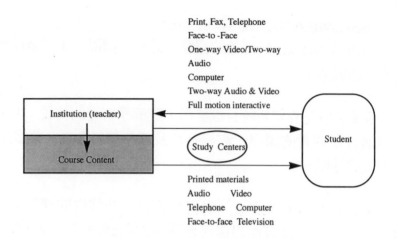

Print, Fax, Telephone
Face-to-Face
One-way Video/Two-way Audio
Computer
Two-way Audio & Video
Full motion interactive

Institution (teacher)

Course Content

Study Centers

Student

Printed materials
Audio   Video
Telephone   Computer
Face-to-face Television

圖9-3 雙向溝通的隔空教育系統
（Wilson's Model for distance Education. 1991）

內容之外，更提供師生學習努力的情感支持。

2.結構／特別的能力(structure/specialized competence)
：結構設施必須與學習者的能力配合，如此，學習者才能有效的完成學習活動。

3.普遍的能力／自我指導管理(general competence/self-directedness)：學習者必須具備自我管理的能力，能夠使用各種媒體獨立完成隔空的閱讀書寫之能力。

◎Wilson模式(Wilson's model)

Wilson(1991)提出隔空教育系統的模式包含下列因素：學習者(student)、課程內容(Course Content)、互動的過程(interactive process)、學習中心(Study Centers)、機構設置(Institution)(包含教師)。Wilson強調雙向溝通的教育過程，課程內容的傳遞不限於單一媒體，教材設計經由學習中心提供多媒體組合，更能更能提供立即的互動與回饋。其互動過程如（圖9-3）。

Wedemeyer(1981)提出隔空教學情境包含四個要素：一個老師；一個或多個學習者；一套溝通系統或模式；一些能被教或學的素材。他認為隔空的學習者必須負起獨立學習的責任，隔空教育體系在課程上、學習方法，提供學習者廣泛自主的選擇環境。為了打破時空的障礙在師生隔離的情境中，必須藉由媒體實現個別化、便利的學習環境；然而隔空學習活動繫於學生使用媒體的能力，因此，學生需自我管理與學習。

◎Peters**教學企業化理論** (theory of industrialization of teaching)
隔空教育是企業化形式的教與學。Peters(1988)以經濟和企業的理論為基礎，以機械化和自治理念，使教學過程重新建構：

1. 隔空學習課程必須預先規劃。
2. 有效的教學過程，特別仰賴計畫和組織化。
3. 課程預期從學生的標準中予以規格化。
4. 教學過程非常的具體化。
5. 在隔空教育的學術功能改變了傳統面對面的教學功能。
6. 因資源集中化和學術聚集化，使隔空學習能而達到無比的經濟效果。

隔空教學系統組成形式雖不同於傳統教育模式，但其屬於教育系統的本質不變。因此，每位學者模式內涵雖因探討構面(aspect)不同而有差別，Kaye系統模式為較傳統的系統觀點，較不適應雙向溝通的新科技應用，但是它可以了解學習者的特性、運用邏輯思維，展現了解隔空教學基本的優點。Moore's互動距離理論對於非接觸的隔空互動過於簡單的描述，但是他提供一隔空的互動思考。Verduin & Clark延伸Moor理論，從隔空學習者立場，深入描述有效的消弭互動距離需要更多的情感支持及學習者的組織結構及自我管理能力。

Wilson則從隔空教育過程，完整清晰描述隔空教學模式的輪廓及要素。Wedemeyer提出隔空教學的情境，並強調隔空特性下，教學成敗繫於學生自導學習與使用媒體的能力。Peters則順應工業化時代以企業經營了理念作為隔空教學模式的依循。各學者論點均屬教學系統的層面，綜合其因素有：學習者、教學者、學習的情境、學習的內容、教學設備、行政管理、外在環境的影響。茲分述於列：

學習者：教學系統必然有教學的對象。隔空教學系統的學習者為分隔 (separate) 而非接觸 (noncontiguous) 的學習。他(她)必須具備獨立自主的學習特質，且擁有獨立使用媒體的能力。

教職員：隔空教學機構的成員包含教師，行政職員及教學設計的工作組合 (team work)，所有的成員形成生命共同體，是隔空教學系統發展的動力。其中教職員是直接利用媒體與學生接觸，因此必需具備使用系統設備的能力。

以時空隔離的學習情境：隔空教學以教育為目標、以學習理論為基礎、應用各種教學策略，系統課程設計，透過「教」與「學」的互動過程，促進學習效能，建構教學情境。因此，規劃隔空教學應設計高互動的學習環境、實現經驗共享、相互討論的功能，提供回饋系統，助長學習遷移，提昇學習效果。回饋系統，需考慮學習需求 (以學習者為中心)、學習者的能力。因此，對科技媒體的選擇、教材及教法的設計，增加科技親合力、人性化。學習策略包括：互動、個別需要、合作學習、回饋、評量等策略。

學習的內容：資訊高速公路的時代，注重在傳輸內容實現教育目標，隔空教學除教師、學生共同學習慣用這種新教學

方式外，所有課程設計教材都應根據學生程度、學生速度、學習時間達到因材施教。

教學硬體的設備：隔空教育歷經一個半世紀的成長與變革，其沿革包括印刷物時期、廣播電視時期、電腦(單機式)時期，至現在電腦網路時期，各階段在呈現訊息、呈現方式、傳遞媒介、互動形式，雖各有差異，但皆以當時的社會環境背景做充分的資源應用，運用當時的科技技術，做為教育傳播的橋樑，含印刷媒介、電台、電視(Communication Technologies)、電腦、多媒體、網際網路(Computer Technologies)、電話、衛星 (Telecommunication Technologies) …等3C科技。

行政的管理與支援環境：隔空的教育環境隔空的行政有別於一般學校行政。管理倍增困難，因此在行政管理上。如何因應入學管理、學籍管理、學生選課、課程安排、教育研究、學校組織、行政支援等，必須做好妥善規劃，利於發揮隔空教育系統的功能。行政管理的政策、法令、規章必須順應學習對象需求，課程以隔空傳輸方式，應隨時進行學習、教學課程之績效 (performance) 分析、評估，做為教學的檢討與改進展現最大的效能 (effectiveness)。政策支援、師資培訓、設備擴充…等支援系統，都應隨時間因應變隔。

外在環境的影響：隔空教學系統為社會系統中的子系統，社會的變遷，經濟發展，科技的更新…等衝擊，系統需擷取精要，符合環境背景需求，而隨之因應變革。

成功建置隔空教學系統的關鍵

　　由於科技日新月異，教育系統運用科技的理念，從過去重視「視聽教育媒體」的時代，演變到目前方興未艾的系統化教學設計(systematic approach to instructional design)，以及系統化思考(system thinking)的教育科技時代。教育科技是運用系統的方法，將設計、發展、運用、管理評鑑等歷程應用在學習過程和相關資源上，以提昇學習效能的應用科學。因此，隔空教育系統以教育科技的宏觀理念與實際應用層面，評估隔空教育環境的需要，以目標定向為起點，重視系統內外的訊息流動，強調各子系統、各因素的協調與配合，循環地在系統計畫內做修正、執行，使隔空教學系統設計之效度與信度方臻至善。因此，建置隔空教學系統必須要探討的構面(aspects)包括：願景(Visionware)、科技硬體設備(Hardware)、學習內容軟體(Software)、學習者使用設備的知能(Peopleware)、行政支援與管理(Support & Management)等。

願景

　　隔空教學的實施必須是教學政策、社會期待及學習者經過分享而形成的共同願景、共同創造的未來觀。它能將共同的關切，緊緊的結合起來，他們內心渴望歸屬於一項重要的任務、事業或使命，以便為學習提供了焦點與能量。共同願景是團隊中成員都真心追求的願景，他反映出個人的願景，孕育無限的創造力、創造明天的機會，願景建立一個高遠的目標，以激發新的思考與行動方向的舵。因此，建置隔空教學系統必須是經過溝通協調，Banathy(1992)將教學系統建置需經過協商的因素列為三類：經過定義的因素包括：期望、要求、政策和法規等。資源例如：資訊、知識、經費、材料和設備等。未經定義的噪音(noise)：或稱干擾。近年由於教育系

統由封閉發展至開放，絕對的封閉會使系統逐漸枯竭，但過多的噪音常會造成意見分歧、步調混亂，因此，開放的系統必須應付環境的變換與衝擊，適度的調節，保持最適應的狀態。

科技硬體設備

　　隔空教學系統使用必要的科技組合，以便有效的傳遞教學，由於傳播科技不斷的創新，提昇教學傳輸效能，隔空教學成為教育的新趨勢。 因此，運用隔空傳輸方式(distance delivery modes)的沿革從印刷物時期、廣播電視時期、電腦(單機式)時期，至現在電腦網路時期，傳播媒體不斷的創新，當前建置隔空教學系統應有的設備究應為何? 設置隔空教學系統的傳輸設備究應如何選擇?絢爛的科技持續的發展、不斷的更新，Clark (1994) 以卡車載貨論來，媒體只是運送教學的一種工具，媒體本身與學習成效間並無明顯的關係存在，真正影響學生學習的是教學內容，唯有媒體中的教學設計策略才會對學習有影響。所以，符合實際學習需要與確實發揮媒體特質的使用策略，必須對媒體選擇有重要認知，媒體是否能對教學有幫助、符合實際學習需要，端看我們能不能發揮它的特質，才能成為人人學習、時時學習的終身學習場所。

內容軟體

　　內容軟體是學習的內容，它提供知識和技能透過傳輸以達到教學的目標。教學系統必須根據實際的學習需要選擇教學內容，達到教學最高品質，確保學習內容的效度。如果軟體內容知量不足、質不佳大大缺乏學習的必要性。因此，為了提昇學習的效果，學習的內容必須經過分析與設計，適合學者需求，確定學習內容的範圍與深度，並揭示學習內容中各項知識的相互關係，亦即清晰的知道「教什麼」、「如何

教」，而不是把所有的資訊全然貼上畫面，那只會是「垃圾進、垃圾出(garbage in ,garbage out)」難達成教學目標。

學習者使用設備的知能

　　隔空教學為營造無遠弗屆學習領域，為學習者打開學習機會。學生要能自主、參與及課程學習互動，因此，隔空教學科技要能被學習者操作。Schlosser & Anderson (1994) 認為在自我主義氣氛瀰漫，隔空教學必須提供機會使教室的學生都能自主參與、互動的氣氛。隔空教學系統期待打破傳統教室的牆，然而，隔空教學的設置若高科技非一般學習者所能理解，則它即建立新的柵欄新的牆—促使知識富者越富、貧者越貧。隔空教學科技設備，有別於一般教學設備，學生必須是願意、能夠及正確的操作隔空的科技媒體，才有學習的可能，因此，探討在此情境下，需具備哪些知能?依據Moskal,P., et. al.,(1997)研究結論：促進採用隔空教學科技的因素包括：容易使用、傳遞適當性、教學者的訓練、增加學習者動機、促進學習效果、時間許可、設備使用的能力、足夠的經費、教職員的訓練。未來隔教學環境，科技的發展與傳統的函授教育的傳播媒體在教學上的應用是兼具互補性與整合性(顏榮泉，民85)。隔空教學環境為傳播科技達成有效的溝通為目的，其使用知能為何? 就印刷媒體、語音媒體已為一般學習者日常所熟悉的知能，運用在教學上已不是困難。至於視訊媒體，簡單易學，亦非學習的障礙。然而，就新興科技媒體，例如：有線電視加裝傳輸控制的頭端選控器、電腦、網路非全然普及化，一般學習者必須能操控該項的媒體，才有學習的可能。在隔空學習環境領域中，教師與學生、學生與學生之間形成互動回饋，包含課堂的上課、課後的交流，例如：利用媒體學習、發問、討論、回饋、測驗、交作業等使用設備必須瞭解使用的程序，學生需能應用隔空學習的經驗才能

information轉爲knowledge(Schlosser & Anderson, 1994)。

行政支援與管理

　　隔空教學系統，以科技的力量提昇了遠方教育的效能，相對的也增加了系統的複雜度(Rumble,1992)。在隔空的情境下，運用科技的效能，消彌空間隔離、滿足學習互動性、提昇傳輸學習素材品質，本質上較複雜，且系統內部相互依賴，因此，較傳統教育體系更需嚴謹的管理(Schlosser & Anderson, 1994)。管理是有效的利用人和教材資源，以完成隔空教學目標。Moore & Kearsley (1996) 認爲隔空教學系統包含五個因素：資源(sources)、設計(design)、傳遞(delivery)、互動(interaction)、學習環境(learning environment)等都必須行政的妥善規劃。學習課程能成功的利用各種通訊、傳播科技方法傳輸，這是行政管理的成功計畫，建立了學習情境，而不是傳播科技所使然(Nielsen,H.D & et. al.,1991)。因此，在行政管理的主題上，運用教育科技領域進行設計、管理、運用、發展與評鑑。各學者對隔空教育系統行政支援與管理的論述，包括三個層面：財政支援、行政管理及人員的支援。

◎財政支援

　　財政支援是任何組織系統必要條件。在行政組織裡有些硬、軟體設備的採購、例行的人事費用、及不定期的各項雜支等，因此，教學活動的進行、行政業務的推動等都必須依賴財政支援。財政支援是一切能量的來源。就政府機構而言，財政來自國民的稅收，行政必須對國民負稅務責任，在規劃對財源得分配必須依據需求，將有限資源做無限的發揮。

◎行政管理

　　行政管理著重行政歷程(administrative process)的每一個步

驟均應做好，這些步驟例如：計畫、組織、指揮、協調及控制等。隔空教育建置系統有別於面對面教學機構行政，它的學習者是隔空的態樣，因此，所有的教學設計、學籍管理、學生的輔導、教育研究、行政業務做妥善規劃、指揮、協調及控制。尤其政策、法令、規章、師資培訓、設備管理與維護都必須隨時間因應變隔，才能發揮教育系統的功能。

◎教職員的支援

教職員是隔空教育系統的主宰。系統的一切設置均是固定、呆板的，唯有人對事、物的靈活應變，才可能使萬事生生不息。在系統中教職員，使隔空教育系統活絡起來，發揮效能。教職員是隔空教育系統的靈魂，因此，在理念上亦需隨時代變遷，不斷學習充實知能，順應潮流而成長。

我國隔空教學的省思與建言

隔空教學是目前整合與共享資源的一種流行趨勢，其應用發展延伸至各層面、各活動的推廣，系統應用在：學術研究、企業教育訓練、人力資源的培訓、支援家庭生活系統…等各層面。我國隔空教學理念的應用，除了早期的國立空中大學以外，當前規劃與建置的包括教育部的遠距教學先導系統、高雄市的高雄市立空中大學外，以及台北市也積極的規劃台北市立空中大學，各單位各機觀學校如火如荼的展開隔空教學系統建置，預見未來隔空教學在國內興起的熱潮。然而，就系統觀的隔空教學系統，其中任一因素或環節發生問題，系統就會分崩離析(entropy)而降低或喪失功能其中各環節彼此相扣形成整體系統 (謝文全等，民84)。概觀我國隔空教學發展、多數缺乏系統化(systematic)到統體化(systemic)設計的系統觀模式，其中存在問題值得省思以免偏頗，而降低隔空

教學的效能，問題包括：

理念的問題

過於重視媒體設備，缺乏學習內涵的建置，熱絡於絢爛眩目的科技，忽略教學為體、科技為用之本質。然而僅有科技熱誠沒有學習的具體成效伴隨，隔空教學終將成為另一種曇花一現的科技教育大夢。

組織成員的問題

科技改變了學習環境，建構高互動「隔空」學習情境，需要更多的專業人員投入，包括：學科專家、教學設計者、美工編輯者、媒體專家以及遠端的教師、行政管理者等，國內尚缺乏各類專業人員的培訓、明確分工且圓融合作的團隊工作 (team work)。

課程規劃的問題

目前隔空教學課程中，缺乏系統化教學設計需求分析、課程管理與學習評鑑等規劃，以「呈現文圖影音動畫資訊就等於提供了學習知識」的錯誤觀念研製學習內容，導致網站與訊息爆炸而知識貧乏的窘境；學習歷程缺乏彈性，教學者與學習者認知差距，包裹的教學素材，不利於學習遷移(transfer of learning)。飽滿的資訊，未必形成適當、適用的知識 (Garrison, 1990)。

行政管理的課題

現行規劃的隔空教學環境在行政管理上，相關入學管理、學籍管理、學生選課、課程安排、教育研究、學校組織、行政支援等，尚未妥善規劃，不利於發揮隔空教學系統的功能。

教學環境的問題

隔空教學環境，以合作互動、雙向的溝通學習爲課題，意味著教師與學生、學生與學生彼此對資訊、經驗的分享、分析與應用而建構知識，然而國內隔空教學僵化、刻板，缺乏雙向互動學習情境。

系統環境的設置與管理問題

隔空教學的設置需龐大的經費，教育經費充裕的公立學校、城市地區，往往是優先設備，然而，私立學校、鄉下越偏僻的地方，教育設施缺乏，更需要輔以遠距教學，卻常礙於經費不足、政策支援不到。因此，學習者在知識上，形成貧者愈貧、富者愈富，知識貧富不均的現象。其次，缺乏使用系統的輔導(guideline)，隔空教學系統，各項功能的資訊、操作使用指引的缺乏，使學習者求知無門或對陌生環境摸索學習、迷網無助，缺乏引導，終至無趣而放棄。

二十一世紀知識的價值，將比以往的世紀更顯重要。未來人類接觸需學習更多的資訊。而隔空教學可以突破時空障礙，達到全民教育、終生學習的目的，對國家國力的提昇有相當深遠的影響，凸顯隔空教育需求的時代性與迫切性。值此之際，爲有效發揮隔空教學功能以系統思考模式，爲學習提供便捷而有效之道，找出執簡御繁的方法，使學習者有系統的學習，以達成教學目標，創造人力資源、提昇國家競爭力，已成爲當前教育刻不容緩的要務。屆此，邁向二十一世紀最後二年，且可能是寫下歷史新頁的轉捩點期間，筆者探討系統觀之隔空教學模式，期盼我國建置隔空教育能以邏輯條理及按部就班的系統化設計過程，注重組成系統整體及各子系統交織錯綜複雜關係，設計高彈性、機動的整體化思維，選擇最佳策略，達成學習目標、並提出五點建言，希望對我國隔空教學有實質的具體貢獻：

重視需求面的分析與評估

　　創新科技應用首先需要進行需求評估，而評估必須以質的方法探討方能適切，因為，創新科技非普遍性的知覺，若實施普遍性抽樣調查、量的分析，反而將創新知覺量稀釋減弱了前瞻性。其次，評估應以宏觀、整體觀、面面觀的系統研究才能符合未來的發展。期待我國隔空教學計畫能兼顧更多的高等教育及社會教育，並重視需求及社會環境、資源、課程、傳輸管道等妥善規劃，不可成為趕時髦的裝飾品。

妥善應用科技

　　科技發展使隔空教學可以突破時空障礙，然而，科技並非萬靈丹，科技端賴教育科技專業，以系統方法結合科技資源，將設計、發展、運用、管理、評鑑等歷程應用在學習過程和相關資源上，方能提昇學習效能。因此，未來需要更多的教育科技專業投入，妥善應用科技發揮隔空教學功能。

規劃互動的教學環境

　　隔空教學突破時空隔離阻絕因素，然而，隔空情境產生了師生的時空距離。隔空的學習環境必須周詳規劃，設計自主、高互動的學習環境，讓學習者能高度的參與、教學經驗共同分享、意見相互討論的功能，提供回饋系統，如此，才能真正突破傳統隔空教學模式，提昇學習效果。

整體化的設計課程內涵

　　Clark提出卡車載貨論，說明了資訊高速公路，重在傳輸的內容 (content)，然而，所有的課程未必全然適合於隔空的教學情境。因此，未來需評估適合隔空的情境以系統觀的設計過程，以期使能夠真正配合學習者能力與需求達到高彈性、適時、適性的終生學習機制。

提供充分支援環境

　　欲將隔空教學在國內普遍發展，視為創新科技的教學模式。如此的教學系統，必有其相關的系統配備措施，例如：政策支持、隔空教師培訓、設備擴充、學習者的指導…等支援系統的，都應隨時間因應變革，使學習者知道、能夠、樂意且正確使用隔空教學系統，如此，才能發揮隔空教學系統的功能。最後，筆者要再度強調，在瞬息萬變資訊科技時代，以系統觀的隔空教學，運用系統化、整體化的分析、設計，且系統規劃、執行及管理方能適應動態變遷社會發展。未來，我們樂見系統觀的隔空教學在國內蓬勃發展。

中文參考書目

◎王鼎銘。隔空教學情境應用於教師進修之規劃與展望。《邁向21世紀進修暨推廣教育國際學術研討會》。國立花蓮師範學院進修暨推廣部，民國八十六年。

◎朱湘吉。《教學科技的發展理論與方法》。五南圖書出版公司。台北，民國八十三年。

◎李奉儒。英國教育改革機構、法案與報告書。　黃政傑主編。《各國教育改革動向》。師大書苑。台北，民國八十五年。

◎李麗君。傳播科技在隔空教育上的運用。《視聽教育》。38卷第一期。p18-23，民國八十五年。

◎周玉秀。德國中小學教育改革。黃政傑主編。《各國教育改革動向》。師大書苑。台北，民國八十五年。

◎林思伶。系統化途徑增進教育訓練效果的延伸(上)。《教學科技與媒體》。23期。p48-55，民國八十四年。

◎林貴美。依九八九年後法國的教育改革。黃政傑主編。《各國教育改革動向》。師大書苑。台北，民國八十五年。

◎計惠卿。電腦輔助學習的允諾與問題。《教學科技與媒體》。21期，p38-46，民國八十四年。

◎計惠卿。《國際隔空教育系統之現況分析》。淡江大學隔空教學規劃小組簡報。淡江大學，民國八十六年。

◎馬難先。我國NII計畫推動隔空教學現況與未來發展。《隔空教學》，1期，p7，民國八十五年。

◎張煌熙。九十年代美國聯邦的教育改革。黃政傑主編。《各國教育改革動向》。師大書苑。台北，民國八十五年。

◎莊懷義。《從隔空學習與教育媒體談空中大學的系統化教學設計》。空中教學叢書。中華民國空中教育學會，p1-19頁，民國七十五年。

◎陳靄彥。《科技應用與教學焦點－新加坡「怕輸」經驗的啓示》。視聽教育新科技國際研討會。國立台北師範大學，民國八十五年。

◎程介明。教育改革在香港。黃政傑主編。《各國教育改革動向》。師大書苑。台北，民國八十五年。

◎楊思偉。日本臨時教育審議會的教育改革。黃政傑主編。《各國教育改革動向》。師大書苑。台北，民國八十五年。

◎楊思偉、梁恆正。中學教師在職進修的理念與做法。《高市鐸聲》。五卷一期。p7-21，民國八十三年。

◎楊家興。透視國家資訊基礎建設下的隔空教學(下)《教學科技與媒體》。26期。p57-59，民國八十五年。

◎楊家興。透視國家資訊基礎建設下的隔空教學(上)。《教學科技與媒體》。25期。p50-57，民國八十五年。

◎楊國賜。從比較教育的觀點論各國教育改革的方向與策略。《教育改革的展望》。中華民國比較教育協會。台北，民國八十五年。

◎劉慶仁。美國教師與教育改革。《教育資料與研究》，第15期，p48-52，民國八十六年。

◎謝文全。各國教育改革之綜合比較。黃政傑主編。《各國教育改革動向》。師大書苑。台北，民國八十五年。

◎謝文全、林新發、張德銳、張明輝。《教育行政學》。國立空中大學。台北，民國八十五年。

◎顏榮泉。媒體發展與隔空學習。《視聽教育》。37卷，第四期。p12-19，民國八十五年。

英文參考書目

◎AECT(1997).*Distance Education─Operational Issues* .the United state of America.

◎Banathy,B.H. (1992). *A systems view of education：Concepts and principles for effective practice.* Englewood Cliffs, NJ：Educational Technology.

◎Bates, A.W. (1995).Creating the future :Developing vision in open and distance learning today, in F.Lockwood (ED.) *Open and distance learning today.* London:Routledge, pp42-51

◎Cannings, T.R. & Finkel, L. (1993). *The Technology Age Classroom.* Franklin, Beedle & Associates, Inc. Oregon.

◎Clark, R.E. (1994).Media Will Never Influence Learning. *Education Technology Research and development.*V42, N2. 21-29.

◎Delling,R.M. (1987). Towards a theory of distance education, *ICED Bulletin.* 13 pp21-25.

◎Dodds, t. (1992, February). *Distance Education and education for All by the Year 2000 : Challenges for the Nineties.* the Distance Education Conference: Strengthening Partnerships. England.

◎Donahoe, S.S. (1995).*Using Distance Learning and*

Telecommunications To Develop Strategies of Communication for Widely Diverse Populations. U.S. ; Washington.

◎Forgo, s. & Koczka (1996). The Use of Multimeda in Distance Education. *Education media international*. p16-19.

◎Gagne, R., Briggs, L., & wager,W. (1992). *principles of Instructional Design*.(4th Ed.). NY：Harcourt Brace Jovanvich College Publishers.

◎Garrison, D.R. (1990). An analysis and evaluation of audio teleconferencing to facilitate education at distance. *The American Journal of Distance Education*. 4(3), 13-24

◎Holmberg, B. (1985). *The feasibility of a theory of teaching for distance education and a proposed theory*. ZIFF Papiere 60. FernUniversitat, Hagen (West Germany)：Zentrales Inst fur Fernstudienforscgung Arbeitsbereich. (ERIC Document Reproduction Service No. ED290013)

◎Kayle, A. & Rumble, G. (1981).*Distance Teaching for Higher and Adult Education*. London, U.K.: Croom Helm Ltd.

◎Keegan, D. (1988). *On defining distance education. In D. Sewart, D. Keegan,B.Holmberg(Eds.), Distance education：International perspectives*. (pp.63-65). New York：Routledge.

◎Lawrence & Lorsch (1967), *Organization and Environment：Managing Differentiation and Integrations*。

◎Logan, R.S. (1982). *Instructional Systems Development*. Chicago：Academic Press.

◎Ludlow,B.L.(1995). Distance Education Application in Rural Special Education: Where We've Been and Where We're Going. *Rural-Special-Education-Quarterly*, v14 n2, p47-52 .

◎McGreal, R. & Simand, B. (1992). Problem in introducing distance Education into northern Ontario secondary achools. *The*

American Journal of Distance Education. 6(1),51-78

◎Miller, D.(1991).Trim travel budget with distance learning, *Training and Development*, 45(9), 71-74.

◎Moore, M.G. (1989). Distance education：A learner's system. *Lifelong Learning：An Omnibus of Practice and Research*, 12(8), P8-11.

◎Moore, M.G., and Kearsley, G. (1996). *Distance Education: A Systems View*. Belmont, CA: Wadsworth.

◎Nielsen, H.D & et al.(1991). *The Cost-Effectiveness of Distance Education for Teacher Training. BRIDGES*. Research Report Series No. 9. Harvard Univ., Cambridge, MA. Inst. for International Development.; Harvard Univ., Cambridge, Mass. Graduate School of Education.

◎Noor, H.S. (1994, November). *Education Moves into High Gear on the Information Highway*. the Annual Meeting of the Speech Communication Association. New Orleans.

◎Peters , O. (1988). Distance teaching and industrial production：a comparative interpretation in outline. In D. Sewart, D. Keegan, B. Holmberg (Eds.), *Distance education：International perspectives*. (pp95-113). New York：Routledge.

◎Rumble, G.(1992).*The management of distance learning systems.* Paris：UNESCO：International Institute for Educational Planning.

◎Schlosser, C.A. & Anderson, M.L. (1994). *Distance Education: Review of the Literature*. Association for Education Communications and Technology. Washington.

◎Shale, D. (1988). Toward a reconceptualization of distance education. *The American Journal of Distance Education*. 2(3), 25-34.

◎Sullivan, M. et al. (1993). *The Genesis of Two-Way Interactive Video and Audio for Teaching Students in Rural, Small Schools: A Model for Implementation.* Southwest Educational Development Lab., Austin, Tex. Texas.

◎Verduin, J.R., Jr., & Clark,T.A. (1991).*Distance Education ─ The Foundations of Effective Practice.* San Francisco：Jossey - Bass Publishers.

◎Willis, B.(1994). *Distance Education：Strategies and Tools.* Englewood Cliffs, NJ:Educational Technology Publications 334pp.

◎Wilson, C.D. (1991). *A feasibility study on extension education for theological training in rural Alaska.* Unpublished manuscript. Oregon State University, Poststsecondary Education Department.

拾 以同儕教練模式提昇教師專業

◇前言
◇同儕教練的意義、特色與功能
◇同儕教練的要素與步驟
◇我國中小學實施同儕教練可能遭遇的困難
◇突破困境，邁向專業教師：代結論
◇中文參考書目
◇英文參考書目

張德銳

前言

　　教師專業化是當前我國教育改革的要務之一，因為惟有透過教師專業化，才能使教師具有充足的專業能力，進而改進教學品質、提昇學生的學習成效以及落實教育改革的目標。否則，如果教師無法專業化、教師的專業品質不能提昇，則即使教育改革的願景再怎麼理想，教育的投資再如何宏大，沒有卓越的基層教師去執行、去落實，這一切教育改革的理想與投資恐都將效果有限。

　　有關教師專業化的歷程，在我國以往比較重視在師資培育機構的職前訓練階段，而對於初任教師的導入階段以及現職教師的在職教育階段，往往比較忽視。即便是現職教師的在職教育活動，也相對的比較重視師資培育機構在寒暑假、夜間、週末所提供的學位或學分進修，而對於以中小學為主體的在職進修活動，也就是「以學校本位的在職進修」（school-based in-service education）是相對的受到忽視了。

　　進一步而言，即便是目前我國中小學本身所舉辦的教師在職進修活動，也有許多缺憾，亟待補強。第一，有些進修活動的主題是上級教育行政機關所指定的，而不是學校根據教師教學的需要來訂定的。第二，進修活動的方式大多為專題演講或討論，而不是針對提昇教師教學實作表現所需要的工作營或研習營。第三，專題演講的主講人大多為大學教授而不是同儕教師。第四，教師所接受的同一進修活動往往是一次式的，而教師在接受進修之後，甚少進一步透過持續性的學習，來確保其在進修活動中所接受的觀念、知識或技巧能落實在其日常的教學活動之中。

有鑑及此，我國教師專業化的歷程應加強現職教師的在職進修活動，特別是要加強以學校爲本位的在職進修活動，而在以學校爲主體的在職進修活動之中，宜著重根據教師的教學需要，提供給教師在教學實作表現方面的研習活動。當然，研習的主講人除了大學教授之外，更可以是同儕教師。另外，教師在研習之後應持續學習，以便將研習所得成爲日常教學的一部份。

　　晚近國內外專家學者（如歐用生，民 8 5 ；Goldhammer, Anderson, & Krajewski, 1993；Showers, 1985）所一再強調教師彼此之間應進行「合作學習」（collaborative learning）、「伙伴關係」（partnership）、「同儕教學」（peer instruction）、「同儕視導」（peer supervision）、「同儕教練」（peer coaching）等概念，便是在洞悉學校本位在職進修的重要性、以及教師同儕在學校本位在職成長可扮演的角色之後，所提出具有劃時代意義的重要觀念，值得教育界人士加以重視、推廣。在這些觀念之中，基層教師的主體性不但被突顯了，而且基層教師彼此之間共同學習、互相協助、提供回饋的能量被大量解放了，這對於教師的專業成長應有很大的幫助。

　　在上述諸多概念當中，尤以「同儕教練」此一概念的發展不但較爲成熟也較爲週延，而且已在歐美先進國家的教育實務中被廣爲使用。因此本文擬對此一概念與作法，做進一步的闡明。首先，本文擬先敘述同儕教練的意義、特色與功能，其次說明同儕教練的要素與步驟，再者提出我國中小學實施同儕教練可能遭遇的困難，最後再以如何突破實施困境做爲結論。

同儕教練的意義、特色與功能

綜合學者專家（Pajak, 1993; Shower, 1985; Zumwaldt, 1986）的看法，「同儕教練」是一種教師同儕工作在一起，形成伙伴關係，透過共同閱讀與討論、示範教學，特別是有系統的教室觀察與回饋等方式，來彼此學習新的教學模式或者改進既有教學策略，進而提昇學生學習成效、達成教學目標的歷程。此一定義含有幾個要點，茲敘述如下：

在同儕教練模式裏，教師同儕應工作在一起，形成伙伴關係：誠如歐用生（民85）所言的，同事應該是合作的伙伴，而非「牆的另一端的陌生人。」在學校裏，最簡單的伙伴關係是，教師和另一同事（例如：隔壁班教師）形成伙伴。較正式的伙伴關係則有：資淺教師和資深教師的伙伴，或者實習教師和實習輔導教師的伙伴。透過這種伙伴關係，教師們形成合作的、團隊的情誼，共同計劃教學，相互觀察、討論，並彼此回饋，彼此開放，願意被質疑，並且檢討或改變自己的教學決定。

在同儕教練模式裏，教師成長的手段是共同閱讀與討論、示範教學，特別是有系統的教室觀察與回饋：又誠如歐用生（民85）所主張的，學習是一種合作的探險，而非孤獨的旅行。中小學教師可組成合作小組，採用下列合作學習的方式，共同學習與成長：

1. 成員進行同儕教學，就一篇論文、文章或一種新的教學模式與策略，由一位教師教導其他同儕，然後共同討論。
2. 由一位擔任教練的教師進行示範教學，以便讓其餘教師有效掌握教學要領和技巧。

3.由擔任學習角色的教師進行教學,而那些未進行教學的小組成員們,則實施有系統的教學觀察並提供教學回饋意見。

同儕教練的學習內涵係指學習、試驗新的教學模式或者改進、精練既有教學策略:誠如 Joyce 和 Weil（1996）所言的,一位有效能的教師必須精通多種教學策略,具有「教學策略庫」（a repertoire of teaching strategies）的本事,也就是說,由於學生的學習需要常因人而異,而且教學的情境千變萬化,一位有效能的教師必須隨著學生的需要以及教學情境的改變,而採取各種不同的教學模式或策略,才能有效達成教學目標。Joyce 和 Weil（1986）便曾指出這些教學模式或策略,林林總總,共有二十一種之多,而每種策略的設計皆在滿足各種不同的學生需求。

同儕教練的近程目標固然係在促進教師專業成長,但是其終極目標乃在增進「教」與「學」的成效,亦即在提高教師的教學品質以及學生在德、智、體、群、美等各方面的水準。

Pajak（1993）指出同儕教練係一種「臨床視導」（clinical supervision）。它的特色是一種以教師同儕為實施主體的臨床視導模式。在這種視導模式當中,它不但強調教師與教師彼此居於平等地位以及彼此密切互動、彼此支持,而且它主張視導應是一種「為教師所有」（of teachers）、「為教師所治」（by teachers）、「為教師所享」（for teachers）的歷程。

同儕教練模式和傳統的教學視導有很大的不同。傳統上,教學視導是指行政人員（例如:督學、校長）觀察教師教學,指出其優缺點,並提供改進意見,這種方式易引起行政

人員和教師之間的摩擦和衝突。「同儕教練式」的教學視導，則是由教師同儕擔任另一位教師的教練，藉以協助此位教師的教學成長。這種教學視導模式不但易為一般教師所接受（邱錦昌，民77；Haller, 1968）；而且有助於學校的和諧氣氛和教師的工作士氣（張德銳，民84）；更可以減低督學、校長、教務主任等教學視導人員的工作負荷量，並減少上述視導人員因視導工作和教師所產生的摩擦和衝突（Glatthorn, 1984）。

　　同儕教練模式和「總結性教師評鑑」（summative teacher evaluation）更是截然不同的。總結性教師評鑑（或稱教師考核）是一種對教師表現做價值判斷和決定的歷程，以便作為聘用教師、續聘教師、決定教師薪資水準、表揚優秀教師、以及處理不適任教師的依據，藉以促進學校人事之新陳代謝（張德銳，民83）。由以上定義，便可知同儕教練和總結性評鑑最少有下列三點不同：

1. 同儕教練主張教師「和」教師並肩進行教學歷程上的反省思考，而總結性評鑑則主張行政人員「對」教師施予人事決定上的價值判斷。
2. 同儕教練的內容與規準是由教師們根據自己的需要所自行決定的，而總結性評鑑則強調教師要達到教育行政機關所預設的規準。
3. 同儕教練鼓勵教師進行教學上的實驗與創新，而總結性評鑑則鼓勵教師刻意表現出最佳的教學行為。

　　同儕教練做為一種「形成性」（formative）、「發展性」（developmental）教師評鑑，它旨在改進教師教學、促進教師專業成長。根據實證研究結果，它能發揮下列幾種功能（Baker, 1983；Baker & Showers, 1984；Showers, 1983a, 1983b,

1984）：

促進訓練移轉

　　透過有系統的研習、實作練習以及教學觀察與回饋，以致使得接受同儕教練的教師比起未接受的教師，更能瞭解新教學策略的觀念與技巧、更能運用新教學策略於日常教學實務之中、更能掌握新教學策略的運用時機與效果、以及更能長期地使用新教學策略。

減少教師孤立狀態

　　中小學教師長期以來由於教室空間孤立，彼此甚少互動，進而導致了心理孤立的問題。而同儕教練模式所主張的教師與教師彼此密切互動、彼此支持，確能有效減少教師的孤立狀態，並促進教師彼此之間的溝通、協調和合作。

分享觀念和實務

　　經過同儕教練模式之後，教師們比起以往更能在民主、平等、溫暖的氣氛下，進行專業對話，共同分享教學計劃、教具教材和教學經驗，以及共同討論學校應興應革事宜。如此，將有助於「教育社區」（educative community）的建立。

發展學校的共同目標

　　在一個教育社區裏，教師們不再彼此各不相干，各行其是，而是彼此能夠使用共同的語言，分享共同的文化，建立學校成員共同努力的目標，以及尊重成員為達成目標所做的專業判斷。如此，學校當可發揮「一加一大於二」的整體力量。

同儕教練的要素與步驟

Joyce 和 Showers（1982）指出同儕教練模式含有下列四個具有連續性的要素（或名之爲步驟）：

研習

教師們以小組方式（六人一小組，小組成員可以允許跨年級、學科或其他單位）共同研讀、討論某一特定的教學模式或技巧，以熟悉、掌握此一教學模式或技巧的知識基礎，例如此一模式的內涵是什麼？此一模式具有什麼重要性？模式中含有那些教學步驟？模式的適用時機爲何？當使用此一模式時，預期會遭遇到那些困難？有那些實證研究支持此一模式的可行性？當進行教學時，有那些資源可以運用？

示範教學

由某一擔任教練角色的教師進行示範教學，以便讓其餘教師領悟教學要領和技巧。除此之外，教師們也可以訪視觀摩他校的教師，或者以觀賞教學錄影帶做爲替代方式。當然，在示範教學之後，除了示範者必須詳加講解之外，學習者也可以發問、討論、給予回饋。

指導式練習和回饋

每一位教師以小組成員爲教學對象，輪流進行微型教學，待教學技巧熟練後，再以某一程度較好的班級爲教學對象，試驗新的教學法或模式，當然，在教學時需由那些未進行試教的小組成員們，進行教學觀察並提供教學回饋意見。

獨立練習和回饋

每一位教師回到原來任教班級，正式運用新的教學法或模

式於自己日常的教學活動中，但爲了確保教學成功，需由教師同儕們提供適度的鼓勵、協助、教學觀察和回饋。

在以上四個要素或步驟當中，第三和第四個要素其實就是臨床視導的技術。臨床視導係美國哈佛大學教授Robert Goldhammer（1969），Morris Cogan（1973）與他們的同事，在１９５０年代末期爲了有效地視導哈佛大學教學碩士班研究生的教學實習工作，乃開始發展的。後來臨床視導的技術仍擴大應用到全美中小學的教學視導工作上。

至於臨床視導的實施步驟，Acheson 和 Gall（1996）將臨床視導分爲三個：計劃會議；教室觀察；回饋會議。全美課程與視導學會（ASCD, 1993）則將上述三個步驟稱之爲：觀察前會議；教室觀察；觀察後會議。在觀察前會議，觀察人員透過良好的發問技巧，瞭解教師對教學的關注所在。然後，把教師所關心的教學議題，轉換成可觀察的行爲。其次，便可安排對教師進行教室觀察的時間和地點，選擇教室觀察的工具，以及釐清教室觀察的脈絡。在約定好教室觀察之後，觀察人員必須依約做教室教學觀察。然後就教室觀察事件，做仔細的記錄。觀察後的回饋會議是臨床視導活動的中心課題；它所提供的資料，可以協助教師對自己的教室表現做客觀正確的判斷，其重要性不言可喻。惟觀察人員所提供給教師的回饋資料必須僅限於觀察前會議所約定的事項，以及避免給予教師過當的批評，以免破壞了觀察人員與教師先前好不容易才建立起來的「信任感」。

Glickman（1981）認爲觀察人員在進行臨床視導時，可以採行的風格有三：非指導式風格、合作式風格、指導式風格。全美課程與視導學會（ASCD, 1993）則將上述三種風格稱之爲「同儕教練的三種型態」：反射鏡式的教練

（mirroring）；合作式的教練（collaborating）；專家式的教練（expert coaching）。做為一位反射鏡式的教練，觀察人員僅能對觀察事件做忠實的反映，而不能對觀察資料提供任何的闡釋或者提供教師任何的改進建議，因為教師（此時通常是資深教師）本身已有能力自行分析和解決問題。做為一位合作式的教練，觀察人員則可以和教師共同分析觀察資料、磋商決定教學改進策略。做為一位專家式的教練，觀察人員則被認為是一位學有專精的專家（例如：實習輔導教師），他可以運用良好的發問技巧，來提示觀察資料所代表的意義以及指導教師（此時通常為實習教師或初任教師）進行教學改進工作。當然，被指導的教師對於是否接受建議，仍保有決定權。

根據臨床視導的實施經驗，教室觀察是臨床視導的核心，而教室觀察的工具更是臨床視導是否成功的利器。Acheson 和 Gall（1987; 1996）在其《教師臨床視導的技巧－職前教師及在職教育適用》、《另外一對眼睛－教室觀察的技巧》二本書中皆曾提出「選擇性的逐字紀錄」、「語言流動」、「移動型態」、「在工作中」、「佛蘭德互動分析系統」、「史達林觀察系統」、「軼事紀錄」等教室觀察工具。茲以「語言流動」為例，說明如（圖10-1）。

在（圖10-1）裏，橫線代表無人坐的空位，學生的性別分別用M（男生）或F（女生）表示之。視導人員將上課的行為分成四種類型來記錄：教師問問題、學生問問題、教師正向反應、教師負向反應。因為許多學生上課中彼此講話，所以視導人員決定使用雙向箭頭記錄這種行為。從（圖10-1）所顯示的資料，教師可以自省是否在教學時產生下列三種偏好：

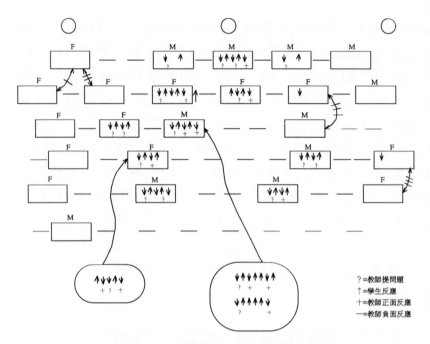

圖10-1　一位國語老師的語言流動圖
資料來源：Acheson, and Gall, 1996 p.100

座位偏好

　　在（圖10-1）中教師也許可以看出她所問的大部份問題都是針對她可以直接看到的學生（中間部份），至於其他部份（左右兩邊）的學生則被忽略了。

學生偏好

　　（圖10-1）以性別來區分學生特徵，在這張圖表中有女生13人、男生11人；教師問20個問題中，有12個（60％）問題是針對男生，8個（40％）問題針對女生；12個正向回饋中，男生佔 8 個（66％），女生佔4個（33％）；教師所做的二個負向反應都是針對女生。由此可見教師較偏愛男生。

語言行為偏好

從（圖10-1）中教師所使用正向反應與負向反應情況看來，14次反應中，只有2次負向回饋，但都針對女生。

我國中小學實施同儕教練可能遭遇的困難

同儕教練模式是一個具有理想性的教職發展（staff development）方案。它在歐美的實施經驗固然有許多成效，但是也有許多困境等待突破。這些困境更是我國中小學在實施類似經驗時，必然會遭遇的。這些困境可以從學校的組織結構、教師的文化、教師的工作負荷、教師專業訓練等四個角度去分析。

就學校的組織結構而言，同儕教練模式做為一種形成性、發展性的教師評鑑工作，它比較適合的組織結構是一種「有機式」（organic）的結構，而不是一種「機械式」（mechanic）的結構。也就是說，在強調「層層節制、科層體制」（hierarchical, bureaucratic）的組織，傾向於採行總結性評鑑，卻不利於形成性評鑑的推行；在迷漫「同儕平行、人文主義」（collegial, humanistic）氣息的組織環境，則比較有利於形成性評鑑工作的推行（張德銳，民86）。然而，我國中小學的組織結構迄今多半仍屬機械式的而不是有機式的，是科層體制的而不是同儕共治的。尤其在大型學校，校長以下，設有教務、訓導、總務三處及輔導室主任，各處室主任下再設各組組長，甚至副組長，而教師則位於行政組織的最下層；由於層級過多，使得學校行政作業的溝通協調執行不易，同時也造成兼任行政工作的教師與專任教師的疏離；復由於學校規模過大，也造成教師與教師之間凝聚不易，合作氣氛難以建立（國立台灣師範大學教育研究中心，民84）。在這種學校組

織結構之下，同儕教練模式自然較難以順利推展。

　　就教師文化而言，目前我國中小學教師文化仍屬相當孤立，最不利於同儕教練模式的運作。誠如歐用生（民85）所言，教師心理上的孤立，往往造成教師總認為校長、主任、視導人員、家長都是來找麻煩的，最好不要到教室來；知性上的孤立，則造成教師少有與其他同事共同討論教育問題，而平時最常閒談的主題就是子女教育情形如何如何、寒暑假如何計劃旅遊等等家常，很少有教學專業上的對話。心理上與知性上的孤立，使得學校瀰漫著「個人主義」以及「互不干涉」的教學文化。這種孤立、封閉的教學文化，既不利於教育社區的建立，又有害於教師同儕的彼此合作、彼此協助、彼此支持，因為孤立祇會促使教師日益保守，而封閉祇會迫使教師失去互相學習與成長的動力。

　　就教師的工作負荷而言，我國中學教師負擔並不輕，而小學教師的工作負擔更是沈重。吳清山（民84）指出，國小教師除了授課時間長、班級學生人數多、花費更多心血照顧學生外，還需兼負許多行政工作，例如：兼辦人事、文書、出納、事務等，使得教師甚少有餘力與時間從事教學研究改進工作，更遑論結合校內同事，找出共同方便的時間，進行同儕研習、教學觀摩、以及教室觀察與回饋工作了。

　　就教師的專業訓練而言，我國中小學教師甚少接受教學輔導方面的專業訓練。我國中小學教師所接受的專業訓練，無論是職前訓練或者是在職教育，大多侷限於任教學科知識、課程、教學、班級經營、學生輔導等方面。這些方面的專業訓練固然有助於中小學教師成為卓越的教師，但並不能保證他們能夠成為卓越的教學輔導教師。由於中小學教師缺少教學輔導方面的訓練，他們往往難以勝任一般性的教學輔導工

作，更遑論其能夠以熟練的人際溝通和臨床視導技巧，來和教師同儕們有效地進行同儕教練工作了。

突破困境，邁向教師專業：代結論

由於以上困境，同儕教練模式在我國的實施遠景似乎並不樂觀。但是，吾人也不難發現目前我國中小學教育的幾個發展趨勢是有利於同儕教練模式的採行。例如，我國中小學的學校運作型態，已逐漸由教育行政機關為中心的管理，走向「以學校為中心的管理」（school-based management）；而學校的決策型態，也逐漸由校長做權威式的決定，走向由全校教育人員做「參與式決定」（shared decision making）。另外，由於教師權力的崛起（例如：各校教評會、教師會相繼成立），今後我國各中小學將較不具有科層體制的色彩，而較會傾向於教育人員彼此之間的同儕共治。最後，在我國並不是每一所學校的教學文化都是保守的、封閉的。確實有許多的學校，它們所實施的教師聯誼活動、成長團體，乃至於相互的教學觀摩與批評，或是相互的合作改進教學等等鼓勵同儕合作的做法，不但是會受到中小學教師歡迎的，而且也能綻放出教學專業的曙光。

吾人相信，同儕教練在我國各中小學仍有推展的必要性與可能性。至於各校應如何推展呢？茲提出數點意見供參酌。首先，我國中小學教師應由「封閉」的文化走向「開放」的文化，才能充分釋放出個人自我專業成長的潛量，以及與教師同儕共同學習、共同成長的能量。歐用生（民85）認為教師開放的態度，可從四方面來進行：

1.門戶開放：教師要打開門戶，歡迎校長、主任、同事、

家長、專家學者共同討論教學問題、從事教學研究。

2.手的開放：教師要主動參與，關心學校的政策，參與學校的課程、教學、學生輔導、教學研究等校務發展。

3.心的開放：教師要拋棄權威，願意傾聽各方面的意見。

4.腦的開放：教師要用腦思考，用心反省，研究創新，促進專業發展。

其次，我國各中小學可將教師們以三至六人一小組的方式，組成許多同儕合作小組。小組中，多數的成員，可由教師們自由組合，而少數特別需要幫助的教師（例如：初任教師）可由校長指定加入。然後這些合作小組除了找出共同時間進行合作學習外，可以依其小組成員的能力、經驗與人格需求，自由地抉擇其工作方式：例如其中某些小組可能選擇較為正式的、密集的臨床視導方式，而有些小組可能選擇非正式的、簡單的教室觀察與回饋方式，另有些小組則可能採用前述兩種方式的折衷方式。在選擇非正式教室觀察與回饋的小組裏，成員們僅需非正式地觀察其他成員的教室教學，並依對方的需求，提供非正式的回饋和協助即可。

為了確保各小組能夠順利地進行同儕教練工作，學校除了在理念、時間、人力以及財力上提供支持外，對於各小組的努力和成就，務必給予肯定和表揚。在理念上，學校應將同儕教練工作列為優先推動事項。在時間上，除了應妥善安排課表，以便讓同小組教師們有較多互動的時間之外，在小組成員需觀察同組教師的教學時，應代為妥善安排代課教師。在人力上，學校應從降低班級學生人數、增加職員編制、要求行政機關不要給予教師額外的工作負擔著手，來減輕教師工作負擔，以便教師們有餘力及時間進行同儕教練工作。在財力上，學校應充實教師學習與成長的空間設備以及圖書儀器設備，以便讓教師們能很方便地進行小組討論與同儕教

學。

　　最後，教師在同儕教練方面的訓練是絕對不可或缺的，訓練的目的是一方面要讓教師們體認同儕教練的重要性，另方面則可以培養教師足夠的知識和技巧，來適應新角色和責任。訓練的內容包括成人學習、同儕輔導、教室觀察、教學意見回饋、人際溝通、人際關係、衝突解決等方面的理念和作法。訓練的方式除了在學年開始時進行為期一至二天的正式研習之外，每一、二個月也可以舉辦一次座談會，來讓各小組負責人有經驗交換、回饋和檢討的機會。

中文參考書目

◎邱錦昌。《台灣地區國民中學教學視導工作之研究》，政大
　　教育研究所博士論文，民國七十七年。
◎吳清山。現實與理想之間：當前國小教育改革芻議。《教
　　改通訊》，4期，19-20頁，民國八十四年。
◎國立台灣師範大學教育研究中心。《開放與前瞻－新世紀
　　中小學教育改革建議書》。台北：作者，，民國八十四年。
◎張德銳。《教育行政研究》。台北：五南，民國八十三年。
◎張德銳。《教育行政研究》（二版）。台北：五南，民國八
　　十四年。
◎張德銳。教學評鑑，輯於黃政傑主編：《教學原理》（頁
　　303－340）。台北：師大書苑，民國八十六年。
◎歐用生。《教師專業成長》。台北：師大書苑，民國八十六
　　年。

英文參考書目

◎Acheson, K. A. (1987). *Another set of eyes: Techniques for classroom observation.* Alexandria, Va.: Association for Supervision and Curriculum Development.

◎Acheson, K. A. & Gall, M.D.（1996). *Techniques in the clinical supervision of teachers: Preservice and inservice applications* (4th ed.). New York ：Longman.

◎Association for Supervision and Curriculum Development. (ASCD) (1993). *Opening doors: An introduction to peer coaching.* Alexandria, Va.: Author. (Videotape).

◎Baker, R. G. (1983). *The contribution of coaching to transfer of training: An extension study.* Unpublished doctoral dissertation, University of Oregon, Eugene.

◎Baker, R.G., & Showers, B. (1984). *The effects of a coaching strategy on teachers' transfer of training to classroom practice: A six-month follow-up study.* Paper presented at the Annual Meeting of the American Education Research Association, New Orleans.

◎Cogan, M.L. (1973).*Clinical supervision.* Boston: HoughtonMifflin.

◎Glatthorn, A.A. (1984). *Differentiated supervision.* (From Eric Document Reproduction Service. No. ED. 245401)

◎Glickman, C.D.(1981). *Developmental supervision: Alternative practices for helping teachers improve instruction.* (From Eric Document Reproduction Service. No. ED. 206487.)

◎Goldhammer, R. (1969). *Clinical supervision.* New York: Holt, Rinohart and Winston.

◎Goldhammer, R., Anderson, R.H., & Krajewski, R.J. (1993).

Clinical supervision: Special methods for the supervision of t eachers (3rd ed.). New York: Holt, Rinohart and Winston.

◎Haller, E. J. (1968). *Strategies for change.* Toronto: Ontario Institute for Studies in Education.

◎Joyce, B., & Weil, M. (1996). *Models of teaching* (5th ed.). Boston: Allyn and Bacon.

◎Joyce, B., & Showers, B. (1982). *The coaching of teaching. Educational Leadership*, 40(1), 4-10.

◎Pajak, E. (1993). *Approaches to clinical supervision: Alternatives for improving instruction.* Norwood, MA: Christopher-Gordon.

◎Showers, B. (1983a). *Coaching: A training component for facilitating transfer of training.* Paper presented at the Annual Meeting of the American Educational Research Association, Montreal, Canada.

◎Showers, B. (1983b). *Transfer of training.* Paper presented at the Annual Meeting of the American Educational Research Association, Montreal, Canada.

◎Showers, B. (1984). *Peer coaching and its effects on transfer of training.* Eugene, OR: University of Oregon Center for Educational Policy and Management.

◎Showers, B. (1985). *Teachers coaching teachers.* Educational Leadership, 42(7), 43-48.

◎Zumwaldt, K.K. (1986). *Improving teaching.* Alexandria, Va.:Association for Supervision and Curriculum Development.

兒童遊戲——

遊戲發展的理論與實務

Play and Early Childhood Development

James E. Johnson等◎著

郭靜晃◎譯

定價：NT.300

ISBN：957-9091-35-8

透過遊戲，兒童不僅能獲得各種能力的提昇，更能幫助他們了解個人與環境的關係、淨化其負向情緒、促進社會行為的發展，而兒童的創意，更是藉著遊戲而發揮的淋漓盡致。讀者可從書中仔細的擷取適合於自己的情境及實務經驗，並加以融會貫通後，去幫助孩子從遊戲中獲得最大的發展。

兒童發展——

心理社會理論與實務

Development through Life: A
Psychosocial Approach

Philip and Barbara Newman◎著

郭靜晃◎譯

定價：NT.380

ISBN：957-9091-15-3

　　本書是對關於由懷孕至老年之人類發展研究的概括介紹。並涉及了所有十一個階段中的身體、智能、社會及情緒發展。它強調：發展是每一個階段中這些方面相互依賴的產物。那些促進整個一生中最佳發展的種種條件，得到了特別的注意。

幼兒保育概論

Early Childhood Care

黃志成◎著

定價：NT.400

ISBN：957-9272-13-1

本書旨在闡明保育之意義、目的以及重要性等。其特色為強調幼兒保育工作應該從胎兒期做起，因此從消極的劣質人口產生的預防到積極的加強孕婦保健工作有詳細的說明。此外更注重「幼兒保育」，分別對幼兒期之飲食、牙齒保健、大小便訓練、衣著、住室、睡眠、安全問題、疾病預防及護理、幼兒保護提出說明。

兒童道德教育

Can We Teach Children to Be Good?

Roger Straughan◎著
李奉儒◎譯
定價：NT.200
ISBN：957-9091-69-1

　　本書旨在探究兒童道德教育在理論與實際
方面的問題，有系統地介紹及批判西方哲學分
析對道德及德育研究的成果，並建議一些實用
的教學策略，值得關心德育的家長、中小學教
師、師範院校學生參考。

幼兒文學——

在文學中成長

Growing Up with Literature

Walter Sawyer等◎著

墨高君◎譯

吳幸玲◎校閱

定價：NT.350

ISBN：957-9272-48-4

　　本書要教導父母和幼教者，如何以兒童能接受的方式，引導他們一步步展開和文學的接觸。本書提供了許多貼心而實用的教學技巧和教學計劃的設計等等。此外本書作者也以開放的心態，在幾個章節中暢談選擇優良文學作品的心得。

親職教育——
家庭、學校和社區關係

Home School and Community Relations

Carol Gestwicki◎著
邱書璇◎譯
郭靜晃◎校閱

定價：NT.500
ISBN：957-9272-19-0

　　本書中強調家長是學校教育中重要的一部份，應使其能樂意地參與其中。讀者循序漸進地由家長處境的瞭解，進而探究如何達到最有效率的親師合作關係。尤其每章結尾的進一步學習活動可激發讀者作實際觀察、資料整理，並且將觀念融會貫通後運用於實際中，對相關知識的整合有極大的助益。

幼兒的發展與輔導

Development and Guidance in the Young
Childhood

黃志成　王淑芬◎著

定價：NT.250

ISBN：957-9272-17-4

　　本書旨在闡明幼兒發展的意義、原則及重
要性等。其一大特色即儘量將個各發展的概念
以淺顯易懂的字句加以描述，並利用列點式來
說明輔導幼兒的原則，以使同學們對幼兒發展
有一完整知識，在面對如幼兒保育等相關考試
時，亦能得心應手。

幼兒教育——

適合3-8歲幼兒的教學方法

Right From the Start: Teaching Children
Ages Three to Eight

Bernard Spodek◎著
郭靜晃 陳正乾◎譯
定價：NT.600
ISBN：957-8446-55-1

本書乃作者結合幼兒發展、心理、福利及教育的理論與實務，專為一心想為3-8歲幼兒服務的幼教專業所撰寫的教育理論及實務的一本好書。本書內容涵蓋以幼教歷史、理論及方法，並擴充多元文化觀點來介紹幼教實務，尤其書中所引用有關於本土化的教學與教案，實為我國幼教專業參酌教育理念與實務的實用參考書籍。

兩性關係與教育

Gender : Relational and Education

劉秀娟◎著

定價：NT.450

ISBN：957-8446-16-0

　　本書透過觀察與反省來提醒讀者對現況的頓悟與反思，因為我們常在習慣中忽略生活的意義或漠視他人的需求與掙扎。因此兩性教育若能由尊重個體開始，置平等於互動關係中，如此性別之間的親密依附和愛才不致於成為枷鎖。

生涯規劃自己來——

做自己生涯交響樂團的指揮家

Books: In Search of Your Career

洪鳳儀◎著
定價：NT.250
ISBN：957-9272-79-4

　　每個人都是自己生涯交響樂團的指揮，在舞台上，樂團的節奏、風格，一舉一動都受到指揮的影響。本書主要目的就是介紹生涯交響樂團的主要概念。擔任指揮掌控生涯全局所需要的技巧、方法，以及練習的工具，希望每個人都成為生涯交響樂團的指揮家。

社會變遷中的教育機會均等

Equality of Educational Opportunity during the Processes of Social Change

中華民國比較教育學會
中國教育學會◎主編
定價：NT.400
ISBN：957-8446-53-5

在階層化的社會中，教育一直是階級流動的重要管道，然而並非每一個人皆有均等的教育機會。綜觀英美先進國家，早已關注此教育問題而提出因應措施。反觀台灣，雖然國民義務教育已實施二十多年，但教育機會均等問題依然存在。近年來台灣教育改革運動已獲得台灣民眾的普遍認同，而作為教育改革重要目標之一的「教育機會均等問題」卻仍未受各界重視。本書即針對此種需要應運而生，當中收錄的文章，不僅闡述英美教育機會均等改革經驗，更反映出本國教育學者對台灣的教育現狀所做的反省與努力。最後希望本書的出版可為台灣的教改運動注入新的生機。

學校本位課程與教學創新

主　　編☞中華民國比較教育學會

出 版 者☞揚智文化事業股份有限公司

發 行 人☞葉忠賢

責任編輯☞賴筱彌

登 記 證☞局版北市業字第 1117 號

地　　址☞台北市新生南路三段 88 號 5 樓之 6

電　　話☞(02)23660309　23660313

傳　　真☞(02)23660310

法律顧問☞北辰著作權事務所　蕭雄淋律師

定　　價☞新台幣 300 元

印　　刷☞偉勵彩色印刷股份有限公司

初版二刷☞1998 年 10 月

　ISBN ☞957-8446-83-7

　E-mail ☞ufx0309@ms13.hinet.net

國家圖書館出版品預行編目資料

學校本位課程與教學創新＝ School-based
curriculum and teaching innovation /
中華民國課程與教學學會主編.--初版.
--臺北市：揚智文化，1998〔民87〕
面； 公分
ISBN 957-8446-83-7（平裝）

1. 課程-論文,講詞等

521.707   87006962